STEFAN SCHÄFER

TEXTE UND BILDER
für den Deutschunterricht
5/6

Der Autor
Dr. Stefan Schäfer ist Deutschlehrer und hat viele Schulbücher publiziert.

Projektleitung: Franziska Wittwer, Berlin
Redaktion: Doreen Wilke, Berlin
Umschlaggestaltung: Torsten Lemme, Berlin
Umschlagfoto: Torsten Lemme, Berlin
Layout und technische Umsetzung: zweiband.media, Berlin

www.cornelsen.de

Die Links zu externen Webseiten Dritter, die in diesem Titel angegeben sind,
wurden vor Drucklegung sorgfältig auf ihre Aktualität geprüft. Der Verlag über-
nimmt keine Gewähr für die Aktualität und den Inhalt dieser Seiten oder solcher,
die mit ihnen verlinkt sind.

1. Auflage 2014

© 2014 Cornelsen Schulverlage GmbH, Berlin

Druck: freiburger graphische betriebe

ISBN 978-3-589-01772-0

 Inhalt gedruckt auf säurefreiem Papier aus nachhaltiger Forstwirtschaft.

Inhalt

Vorwort

Materialteil

Epik

Bilder- und illustrierte Geschichten

Lyrik

Szenische Texte

Sachtexte

Bilder

Erarbeitungsteil

Epik

Bilder- und illustrierte Geschichten

Lyrik

Vorwort

Das Heft „Texte und Bilder 5/6" bietet als Materialfundus zahlreiche Texte und Bilder, die **lehrwerksergänzend zur weiteren Übung- oder Vertiefung** eingesetzt werden können.

Um sich in diesem Fundus besser orientieren zu können, findet sich neben dem Inhaltsverzeichnis, das eine allgemeine Übersicht über die enthaltenen Materialien bietet, auch ein **Register am Ende des Bandes**, das einen sachbezogenen Zugriff auf die Materialien erlaubt.

Den Kern des Heftes bildet die **Materialsammlung**. Nach Gattung bzw. Materialart unterteilt sind dort die verschiedenen Texte und Bilder unkommentiert und in der Reihenfolge ihres Erscheinungsdatums abgedruckt. Diese Materialien finden Sie **in nicht editierbarer Form auch auf der CD-ROM** zum Buch.
Im sich daran anschließenden Erarbeitungsteil werden zu jedem im Materialteil enthaltenen Text oder Bild Erarbeitungshinweise gegeben, manchmal allgemeine, oft aber ganz konkrete in Form von Klassenarbeitsvorschlägen und/oder Kompetenztests.
Alle Materialien des **Erarbeitungsteils** – einschließlich der Klassenarbeitsvorschläge und Kompetenztests – finden sich auch als **editierbare Dateien auf der CD-ROM**. Hier können Sie bei Bedarf weitere Schreiblinien zu den Aufgaben ergänzen. Ein **Lösungsteil** ermöglicht eine Überprüfung der Ergebnisse.

Die Auswahl der Materialien wurde – neben ihrer Qualität – nach folgenden Kriterien vorgenommen:
· Neben im Unterricht vielfältig bewährten Texten sollten auch weniger bekannte und neue Texte aufgenommen werden.
· Die Materialien sollten insgesamt ein möglichst breites Band von Textsorten (von der Anekdote bis zum Romanauszug, vom Sketch bis zum anspruchsvollen Sachtext) und Themen (dies gilt insbesondere auch für die Bildauswahl) abbilden.
· Die Texte sollten jeweils möglichst unterschiedliche Zugänge bieten, also über ihre Lektüre hinaus zum Beispiel auch sprachlich interessant sein oder zum produktiven Umgang anregen.

Der Schwerpunkt der Sammlung liegt dabei auf epischen Texten, da erfahrungsgemäß an dieser Textsorte ein besonderer Bedarf besteht.

Das Lamm und der Wolf

Aesop

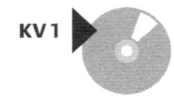
KV 1

KOMPETENZTEST
S.73

Ein Lämmchen löschte an einem Bache seinen Durst. Fern von ihm, aber näher der Quelle, tat ein Wolf das gleiche. Kaum erblickte er das Lämmchen, so schrie er:

5 „Warum trübst du mir das Wasser, das ich trinken will?"

„Wie wäre das möglich", erwiderte schüchtern das Lämmchen, „ich stehe hier unten und du so weit oben; das Wasser fließt ja von dir zu mir; glaube mir, 10 es kam mir nie in den Sinn, dir etwas Böses zu tun!"

„Ei, sieh doch! Du machst es gerade wie dein Vater vor sechs Monaten; ich erinnere mich noch sehr wohl, dass auch du dabei warst, aber glücklich entkamst, als ich ihm für sein Schmähen das Fell abzog!"

„Ach, Herr!", flehte das zitternde Lämmchen, „ich 15 bin ja erst vier Wochen alt und kannte meinen Vater gar nicht, so lange ist er schon tot; wie soll ich denn für ihn büßen."

„Du Unverschämter!", so endigte der Wolf mit erheuchelter Wut, indem er die Zähne fletschte. „Tot 20 oder nicht tot, weiß ich doch, dass euer ganzes Geschlecht mich hasst, und dafür muss ich mich rächen."

Ohne weitere Umstände zu machen, zerriss er das Lämmchen und verschlang es.   25

Aesop: Das Lamm und der Wolf. Zitiert nach: http://gutenberg.spiegel. de/buch/1928/40 (letzter Zugriff am 19.05.2013)

Jung-Siegfried

Gerhard Aick

KV 2

KOMPETENZTEST
S.73

Zu Xanten am Niederrhein regierte zu dieser Zeit König Siegmund. Seine Gemahlin hieß Sieglind. Dem edlen Paar erwuchs ein Kind mit Namen Siegfried. Schon als Knabe zeigte er sich stark und tapfer; dabei 5 war er so schön von Angesicht und so schlank von Wuchs, dass jeder in ihm den zukünftigen Helden erkannte. Freilich bereitete er den Eltern auch viel Kummer und Verdruss, denn ungebärdig wie ein Füllen tobte er durch das Schloss. Auch zum Jüngling 10 herangereift, blieb er über alle Maßen wild und stürmisch. Da rieten die Höflinge dem Herrscher, seinen Sohn in die weite Welt zu schicken, in Not und Gefahr würde er wohl Besonnenheit annehmen. Lang schon hatte Jung-Siegfried große Sehnsucht nach 15 den Wundern und Abenteuern ferner Länder im Herzen getragen, und so nahm er die Nachricht, dass er der väterlichen Gewalt entlassen werden sollte, mit Freuden auf.

Mit nichts bepackt als mit überschäumender Kraft 20 und kampfesfrohem Sinn zog er zum Tor der Burg Xanten hinaus und wandte sich zuerst zu einem tiefen Forst, in dessen Lichtungen und Senken sich der Stamm der Niedersachsen angesiedelt hatte und der darum Sachsenwald genannt wurde. In seiner Mitte 25 jedoch, fernab den Behausungen der Menschen, lag ein Berg und darin eine Höhle, in der Zwerge einen unermesslichen Hort von Kleinodien, Waffen und

Geschmeiden hüteten, den Schatz der Nibelungen. Auf der ganzen Erde findet sich kein größerer Reichtum an einer einzigen Stelle aufgehäuft.   30

Siegfried wusste von all dem nichts; er zog fröhlich durch den taufrischen Tann, und sein Ohr erquickte sich an der wundersamen Melodie, zu der sich Vogelgezwitscher und Gesumm der Mücken vereinten. Einige Tage wanderte er so, nährte sich von Beeren und 35 Kräutern und stillte seinen Durst aus dem sprudelnden Quell, als plötzlich das hurtige „Kling-Klang" von Eisenhämmern die Waldesstille zerriss.

„Eine Schmiede", rief Siegfried jubelnd aus, „die kommt mir eben recht. Da will ich Einkehr halten 40 und ein Schwert zu gewinnen trachten, denn ich kann ja nicht ewig mit dem Stecken in der Hand durch die Welt laufen." Fröhlich trat er in die kleine Hütte, die, an schwarzzerklüftete Felsen gelehnt, von den Ästen einer mächtigen Eiche überschattet, 45 ein gar düsteres Bild bot. Am Amboss gebückt stand der Meister und hielt mit der Zange einen rotglühenden Eisenbolzen, den zwei Gesellen, immer eins – zwei im Takt bearbeiteten. Der Schmied hatte eine zwergenhafte Gestalt, das Antlitz glich einem Schrat, 50 doch breit und mächtig waren Brust und Arme. Eine Zeitlang ließ er den Wanderburschen an der Schwelle warten, dann gebot er seinen Gesellen Einhalt, warf den Stahl in ein Gefäß mit Wasser, dass der Dampf

55 hoch aufzischte, und wandte sich dem Jüngling zu. „Nun, was bringt Ihr dem alten Mime, guter Herr?", fragte er freundlich.

Siegfried versetzte ganz überrascht: „Wenn Ihr Mime seid, da bin ich ja an den besten Meister geraten.
60 Meine Lehrer haben Eure Schwerter gar sehr gepriesen, und so eins möcht' ich bei Euch schmieden lernen."

„Einen willigen Jungen kann ich wohl brauchen", nickte beifällig der Waldmensch, „aber erst musst du
65 mir zeigen, ob du stark genug bist für einen Schmiedelehrling."

„Nichts lieber als das", jauchzte der Königssohn, ergriff einen Hammer und schmetterte ihn mit solch übermenschlicher Kraft auf den Amboss, dass dieser
70 sich tief in den felsigen Grund bohrte, der Schlegel jedoch zu kleinen Stäubchen zersplitterte.

Obwohl der Meister über solche Stärke, die er noch nie gesehen hatte, erschrak, durfte Siegfried bleiben. Er zeigte sich willfährig und lernbegierig. Wehe nur,
75 wenn es die Gesellen gelüstete, den Jüngsten zu sticheln, wie das in einer Werkstatt so Brauch ist. Da schlug er mit wilden Fäusten drauflos und zerbeulte die Übeltäter so, dass sie tagelang kranklagen. Mit der Zeit wurde der Jüngling dem Meister immer un-
80 heimlicher, und der gedachte, sich seiner zu entledigen. Er stellte das so an, dass er Siegfried um Holzkohlen ausschickte. In der Nähe des Meilers hauste nämlich ein scheußlicher Drache. Dort würde, so klügelte es sich Mime in zwergenhafter Bosheit aus, der
85 übermütige Bursche bald mit dem giftigen Wurm in einen Kampf geraten und den kürzeren ziehen. Siegfried nahm den Auftrag gerne an, denn längst schon war es ihm in der dumpfen Hütte zu eng geworden. Er härtete sich eigenhändig eine scharfe Waffe und
90 rannte dann geradenwegs in den tiefen Wald. Eine dünne Rauchsäule, die zwischen dem Dickicht aufstieg, zeigte ihm an, dass der Meiler nicht mehr fern sei.

Doch zugleich entdeckte er nur wenige Schritte ab-
95 seits des Pfades ein trübes Gewässer, und er eilte hinzu, es näher zu besehen. Ein scheußlicher Anblick bot sich ihm. Da wimmelte es von Seedrachen, die mit spitzer Zunge nach ihm schnappten, von Nattern, ellendicken Kröten, die eklen Speichel auf den Vorü-
100 bergehenden schleuderten. Ohne sich lange zu besinnen, begann der junge Recke auf das Gezücht einzuschlagen und hieb einem Untier nach dem andern den Kopf ab. Doch für jeden getöteten Wurm tauchte

ein neuer aus der Schlammflut, und so legte er denn die Klinge fort, riss mit seinen mächtigen Armen gro- 105 ße Bäume aus und warf sie über den Höllenkessel. Mit einem brennenden Holzscheit, das er sich vom nahen Köhler holte, setzte er den Stapel in Brand, und bald glich der Pfuhl einer lodernden Feueresse, in der Drachenblut, Natterngeifer und Wasser in eins 110 gemengt zu dampfen und zu brodeln anhüben. Die glühende Hitze lockte die ganze Brut an die Oberfläche des Sumpfes, wo sie, von dem Feuer gefasst, elendiglich umkam.

Während Siegfried vom Ufer das schaurige Schau- 115 spiel verfolgte, geschah es, dass der siedende Gischt ihn beim Aufwallen auf die Hand spritzte. Mit Erstaunen beobachtete er, wie die erkaltende Flüssigkeit zu einem dicken, hornartigen Stoff gerann. Er setzte die Spitze seines Schwertes daran und siehe, 120 sie vermochte ihn nicht zu zerspalten. Da durchzuckte ihn wie ein leuchtender Blitz der Gedanke, dieser Sud aus Sumpfwasser und gestocktem Drachenblut müsste, auf den Leib gebracht, ein Panzerhemd schaffen, so felsenhart, dass es dem schneidendsten 125 Stahl Widerstand leisten würde.

Allsogleich schöpfte er mit der hohlen Hand aus der sich wieder abkühlenden Flut und ließ den zähen Brei über seinen Körper rieseln, bis ihm das zu langsam vonstatten ging und er kurz entschlossen in den 130 Schlamm sprang. In diesem Augenblick fiel von dem überhängenden Zweig eines Lindenbaumes ein Blatt auf ihn nieder und haftete während des Bades an seiner Schulter. Diese Stelle konnte von dem Zaubersaft nicht benetzt werden, und an ihr blieb Siegfried ver- 135 wundbar.

Der junge Held kehrte nicht mehr zu Mime zurück, denn er bemerkte wohl, dass ihn der Waldschrat mit arger List zu täuschen versucht hatte. Er bat den Köhler, ihm den Weg zu dem Drachen zu weisen. Da- 140 rob erschrak der gute Mann und erzählte Siegfried, dass nicht weit von hier in einem zerklüfteten Berg der Zwergenkönig Nibelung einen unermesslichen Hort zusammengetragen hätte. Nach seinem Tod sei dieser ganze Reichtum an seine Söhne gefallen, die 145 darob in großen Zwist gerieten. Der müsse wohl nicht geschlichtet sein, denn oft höre man an dem Grollen und Poltern im Gebirge, wenn die Nibelungenbrut aufeinander losführe. Oben auf dem Gipfel hause der furchtbare Lindwurm. 150

Als Siegfried das hörte, litt es ihn keine Stunde länger, denn sein erstes Abenteuer hatte in ihm unbän-

dige Lust nach neuen Taten entfacht. Nicht nach glei-
ßendem Gold ging sein Sinn, sondern nach dem
155 Kampf mit dem Untier.

Bei Morgengrauen kam er an den Berg und hörte aus
einer Höhle ein entsetzliches Stöhnen. Er wähnte,
die Nibelungen seien wieder in Streit, und rief in das
gähnende Loch: „Hollaho … werdet ihr wohl Frieden
160 halten!"

Aber es war nicht das Gezänk der Zwerge gewesen,
was er gehört hatte, sondern das Schnarchen des
Drachen. Auf Siegfrieds Anruf antwortete schauerli-
ches Gebrüll, und schon ringelte sich der gräuliche
165 Wurm, Feueratem vor sich her stoßend, aus der Höhle. Geschickt wich der Held der beißenden Glut aus,
und das Untier von der Seite anspringend, stieß er
zum ersten Mal seinen Stahl durch den Schuppen-
panzer. Hochauf schoss der Urweltriese, um sich mit
170 grimmiger Wut auf seinen Gegner zu stürzen, aber
dieser wusste sich zu wehren, schlüpfte dem Lindwurm unter den Bauch und machte ihm mit gewaltigen Stößen den Garaus.

Nun kamen, von dem Lärm angelockt, die Nibelun-
175 gen aus dem Felsen gekrochen und konnten sich vor
Glück nicht fassen, als sie den scheußlichen Drachen
verendet vor sich liegen sahen. Sie dachten, der Held,
der solches vollbracht hatte, wäre wohl auch der
Rechte, den Streit der Königsbrüder zu schlichten.
180 Sie baten Siegfried, den Hort unter sie zu teilen. Als
Lohn versprachen sie ihm den Balmung, das beste
Schwert auf dem weiten Erdenrund.

Der Recke erklärte sich mit diesem Vorschlag einver-
standen, und auf den Wink ihres Herrschers schlepp-
185 ten die Bergmännlein einen unermesslichen Schatz
an kostbaren Kleinodien und erlesenen Waffen herbei und schichteten ihn hoch zuhauf. Es war keine
leichte Mühe, ihn gerecht zu scheiden. Schließlich
war die Arbeit vollbracht. Doch der eine der beiden
190 Nibelungenfürsten wähnte sich für übervorteilt und
schalt Siegfried einen schlechten Richter. Darüber

geriet dieser in große Wut und schlug mit der flachen
Klinge auf ihn ein. Andere Zwerge und am Ende auch
der feindliche Bruder sprangen dem Gezüchtigten
bei, und so blieb dem Helden nur die Wahl, jetzt 195
Ernst zu machen. Bald lagen die Könige und ihre
winzigen Krieger erschlagen auf dem Plan. Schon
glaubte Siegfried, der Kampf wäre aus, da erhielt er
von einem unsichtbaren Gegner Schlag auf Schlag.
Voll Ingrimm ließ er den Balmung spielen, traf jedoch 200
immer nur die leere Luft. Scharf passte er nun auf,
aus welcher Richtung die Hiebe fielen, die einmal
von vorn, einmal von rückwärts auf seine unver-
letzbare Haut prasselten, und just als ein Streich auf
seinem Arm saß, packte er mit der Linken zu und 205
hielt eine Tarnkappe und den Schopf eines kläglich
winselnden Zwerges in der Hand. Alberich war's, der
Kanzler und Schatzmeister des Nibelungenreiches.
Der Zwerg wollte den ganzen Schatz und das unterir-
dische Land verschenken, wenn er am Leben bleiben 210
dürfe. Siegfried, dessen Zorn schnell verraucht war,
gab sich damit zufrieden und machte Alberich zu seinem Statthalter über das Volk der Bergmännlein, die
noch immer zu Hunderten in dem Felsgeklüft wim-
melten. Den Hort ließ er in die Höhle zurückbringen, 215
nur die Tarnkappe, die ihren Träger unsichtbar macht,
behielt er und einen Ring, den er sich an den Finger
steckte. Das sah Alberich, und ängstlich warnte er:
„Herr, nehmt nicht diesen Reif. Ein Fluch haftet an
ihm. Wer ihn trägt, der rennt in sein Verderben." 220
Siegfried lachte über solche Ammenmärchen und zog
nach herzlichem Lebewohl wieder weiter. Bald flog
ihm der Ruhm voraus wie eilende Herolde. Überall,
wo er hinkam, öffneten sich ihm die Burgen der Könige und Fürsten, die Sänger priesen seinen Mut und 225
seine Kraft, errötend blickten edle Jungfrauen zu
ihm auf.

*Aick, Gerhard: Jung-Siegfried. In: Die Nibelungen und die schönsten Hel-
densagen des Mittelalters, 1985. S. 63 ff. Zitiert nach: http://www.sagen.
at/texte/sagen/ (letzter Zugriff am 22.08.2013)*

Chichibio

Giovanni Boccaccio

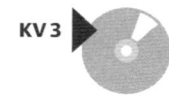 KV 3

 KOMPETENZTEST
S. 75

Currado Gianfigliazzi war stets ein gar freigebiger
und gastfreier adeliger Bürger unserer Stadt, der ein
ritterliches Leben führte und sich stets mit Hunden
und Beizvögeln vergnügte. Als dieser nun eines Tages
5 unfern von Peretola mit einem seiner Falken einen

Kranich getötet und diesen jung und fett gefunden
hatte, schickte er ihn seinem guten Koch, der Chichibio hieß und ein Venezianer war, und ließ ihm sagen,
dass er ihn zum Abendessen braten und wohl zube-
reiten solle. Chichibio, der wie ein Bruder Leichtfuß 10

aussah und auch wirklich einer war, rupfte den Kranich, steckte ihn an den Spieß und begann ihn sorgsam zu braten. Fast war er schon gar und verbreitete einen prächtigen Wohlgeruch, als ein Mädchen aus
15 der Umgebung, das Brunetta hieß und in das Chichibio gewaltig verliebt war, in die Küche trat. Kaum roch sie den Duft des Bratens und sah den Kranich am Spieß, so gab sie dem Chichibio die besten Worte, dass er ihr einen Schenkel davon abschneiden möch-
20 te. Chichibio antwortete singend: „Ihr kriegt ihn nicht, Donna Brunetta, Ihr kriegt ihn nicht von mir." Darüber wurde denn das Mädchen ganz zornig und sagte: „Nun, so wahr wie Gott lebt, gibst du mir nicht einen Schenkel, so kriegst du von mir nicht das Min-
25 deste, wozu auch immer du Lust haben magst." Am Ende löste Chichibio, um sein Mädchen nicht böse zu machen, wirklich einen Schenkel ab und gab ihn ihr. Als indes dem Currado und seinen paar Gästen der Kranich mit einem Schenkel vorgesetzt ward, ließ je-
30 ner voll Erstaunen den Chichibio rufen und fragte ihn, was mit dem andern Schenkel geworden sei. Der lügenhafte Venezianer antwortete sogleich: „Herr, die Kraniche haben nur einen Schenkel und ein Bein." Zornig erwiderte Currado: „Was, zum Teufel,
35 sie hätten nur einen Schenkel und ein Bein? Als ob das der erste Kranich wäre, den ich zu sehen bekomme!" Chichibio aber blieb dabei und sprach: „Herr, es ist so, wie ich Euch sage, und beliebt es Euch, so werde ich es Euch an den lebendigen zeigen." Currado
40 wollte mit Rücksicht auf die Fremden, die er bei sich hatte, den Wortwechsel nicht weiter fortsetzen; darum antwortete er: „Weil du denn sagst, dass du mir an den lebendigen Vögeln zeigen willst, was ich allerdings noch nie gesehen oder von andern gehört ha-
45 be, so will ich mir morgen früh die Sache ansehen. Aber beim Leibe Christi, das schwöre ich dir, wenn es sich anders verhält, so lasse ich dich zurichten, dass du mich dein Leben lang in schlechter Erinnerung behalten sollst."
50 So endete der Streit für diesen Abend. Am andern Morgen aber erhob sich Currado bei Tagesanbruch noch gar zornig, denn der Ärger hatte ihn nicht schlafen lassen, und gebot, dass die Pferde vorgeführt würden. Dann ließ er den Chichibio auf ein Rösslein
55 aufsitzen und ritt mit ihm nach einer Niederung, wo man am Flussufer in der Morgenfrühe Kraniche anzutreffen pflegte. Im Reiten aber sagte er: „Nun werden wir ja sehen, wer gestern gelogen hat, ich oder du."

Als Chichibio merkte, dass Currados Zorn noch an- 60 dauerte und er seiner Lüge überführt werden sollte, ritt er in der größten Angst von der Welt hinter Currado her und wäre gern geflohen, wenn es sich hätte tun lassen. Da sich aber dazu keine Gelegenheit bot, blickte er bald vor-, bald rückwärts, bald nach beiden 65 Seiten, und alles, was ihm vor die Augen kam, schien ihm auszusehen wie Kraniche, die auf zwei Beinen standen. Endlich, als sie schon in die Nähe des Flusses gelangt waren, erblickte er, früher als einer der übrigen, am Ufer wohl ein Dutzend Kraniche, die 70 sämtlich, wie diese Vögel schlafend zu tun pflegen, auf einem Beine standen. Da zeigte er sie schleunigst Currado und rief: „Herr, nun könnt Ihr deutlich erkennen, dass ich Euch gestern abend die Wahrheit gesagt habe, wenn ich behauptete, die Kraniche hät- 75 ten nur einen Schenkel und ein Bein. Seht nur die alle, die dort stehen." Als Currado sie gewahr wurde, sagte er: „Warte nur, ich will dir schon zeigen, dass sie ihrer zwei haben." Und indem er ein wenig näher heranritt, rief er: „Ho, ho!" Aufgeschreckt durch die- 80 sen Ruf, ließen die Kraniche alsbald den andern Fuß nieder und flogen nach wenigen Schritten alle davon. Da wandte sich Currado zu Chichibio und sprach: „Nun, du Naschmaul, was meinst du jetzt? Glaubst du nun, dass sie zwei Beine haben?" Chichibio war 85 ganz bestürzt, und ohne selbst zu wissen, woher ihm die Antwort zufiel, entgegnete er: „Freilich, Herr, freilich, aber dem Kranich von gestern habt Ihr nicht ‚Ho, ho!' zugerufen; denn hättet Ihr das getan, hätte er sicher das andere Bein ebenso ausgestreckt, wie 90 vorhin diese hier."

Den Currado ergötzte diese Antwort so sehr, dass all sein Zorn sich in Scherz und Lachen verkehrte, und er antwortete: „Chichibio, du hast Recht, das hätte ich freilich tun sollen." So also entging Chichibio 95 durch eine schnelle und scherzhafte Erwiderung dem Unheil und wendete den Zorn seines Herrn von sich ab.

*Boccaccio, Giovanni: Chichibio. In: Das Dekameron. Zitiert nach: http://
www.zeno.org/ (letzter Zugriff am 23.05.2013; Text geringfügig angepasst)*

Gullivers Reisen
Jonathan Swift

Oft ließ ich die Füße herabhängen, konnte aber keinen Grund fassen; als ich beinah verloren war, denn ich konnte nicht länger mit den Wellen ringen, fand ich endlich festen Boden; zugleich ließ auch der
5 Sturm nach. Der Strand war so flach, dass ich beinah eine Meile gehen musste, bevor ich auf das trockene Ufer, um acht Uhr abends, wie ich glaube, gelangte. Alsdann ging ich noch eine halbe Meile, konnte aber keine Spur von Einwohnern und Wohnungen entde-
10 cken. Zuletzt ward ich so schwach, dass ich gar nichts mehr bemerkte. Da ich sehr müde und das Wetter heiß war, ich auch, als ich das Schiff verließ, eine halbe Pinte Branntwein getrunken hatte, fühlte ich Neigung zum Schlaf. Ich legte mich auf das Gras, welches
15 mir kurz und weich zu sein schien, und schlief dann fester wie jemals in meinem Leben, soviel ich weiß und wie ich glaube, an die neun Stunden. Als ich erwachte, war der Tag angebrochen. Ich versuchte aufzustehen, konnte mich aber nicht bewegen; während
20 ich auf dem Rücken lag, bemerkte ich, dass meine Arme und Beine fest gebunden an dem Boden hafteten. Dasselbe war mit meinen sehr langen und dicken Haaren der Fall. Auch fühlte ich mehrere kleine Binden am ganzen Leibe von den Schulterhöhlen bis zu
25 den Schenkeln. Ich konnte nur aufwärts blicken; die Sonne ward heiß und ihr Licht blendete meine Augen. Ich vernahm ein verwirrtes Geräusch in meiner Nähe; in der Stellung jedoch, die ich einnahm, konnte ich nur den Himmel sehen. Mittlerweile fühlte ich,
30 wie sich etwas auf meinem linken Schenkel bewegte; irgendein Geschöpf rückte leise vorwärts, und kam über meine Brust bis fast an mein Kinn; ich erkannte in demselben eine Menschengestalt von etwa sechs Zoll Höhe, mit Bogen und Pfeilen in der Hand und
35 mit einem Köcher auf dem Rücken. Zugleich fühlte ich, dass wenigstens noch vierzig derselben Menschengattung dem Ersteren folgten. Ich war äußerst erstaunt und brüllte so laut, dass sie sämtlich erschrocken fortliefen; einige, wie ich nachher hörte,
40 beschädigten sich durch den Fall, als sie von meiner Seite herabspringen wollten. Sie kamen aber bald wieder; einer von ihnen wagte sich so weit, dass er vollkommen in mein Gesicht blicken konnte, erhob voll Bewunderung seine Hände und Augen und rief
45 mit schallender und deutlicher Stimme: *Hekinah Degul*. Die Übrigen wiederholten dieselben Worte meh-

rere Male; ich konnte damals aber den Sinn derselben noch nicht verstehen.
Der Leser wird wohl vermuten, dass ich mich in keiner bequemen Lage befand; ich suchte loszukommen 50 und hatte zuletzt das Glück, die Stricke zu zerreißen oder die Pfähle abzubrechen, woran mein rechter Arm befestigt war. Als ich ihn nun zum Gesicht erhob, bemerkte ich die Art, wie man mich gebunden hatte. Durch einen heftigen Ruck, der mir viel 55 Schmerz verursachte, machte ich die Bande, welche mein Haar auf der rechten Seite hielten, etwas lockerer, sodass ich im Stande war, meinen Kopf zwei Zoll umzuwenden; allein die Geschöpfe liefen noch einmal fort, ehe ich eines derselben ergreifen konnte, 60 worauf ein sehr lauter Ruf von mehreren Stimmen entstand, der aber schnell wieder verhallte. Hierauf hörte ich, wie einer *Tolgo Phonac* rief. Sogleich trafen mehr als hundert Pfeile meine linke Hand und prickelten mich wie Nadeln. Außerdem wurde eine an- 65 dere Salve in die Luft, so wie wir die Bomben in Europa schleudern, geschossen. Ich glaube, eine Menge Pfeile fiel auf meinen Körper, ich habe sie aber nicht gefühlt. Einige richteten ihre Geschosse auf mein Gesicht, das ich sogleich mit der rechten Hand bedeck- 70 te. Als dieser Pfeilschauer vorüber war, begann ich aus Gram und wegen meiner Schmerzen zu seufzen; ich suchte mich wieder loszumachen, und erhielt noch eine zweite und größere Salve; einige suchten mit Speeren in meine Seite zu stechen; zum Glück 75 aber trug ich ein Wams von Büffelleder, das sie nicht durchbohren konnten. Ich hielt es deshalb für das Klügste, regungslos liegen zu bleiben, bis die Nacht einbräche. […]
Als die Volksmasse meine Ruhe sah, gab sie mir keine 80 weitere Salve von Pfeilen; aus dem Lärm, den ich vernahm, konnte ich jedoch den Schluss ziehen, dass ihre Anzahl sich vermehrte. Auch vernahm ich, wie man in Entfernung von vier Ellen, meinem rechten Ohre gegenüber, ungefähr eine Stunde lang in der 85 Art polterte, wie es bei beschäftigten Arbeitern der Fall zu sein pflegt. Deshalb drehte ich den Kopf nach der Seite hin, so gut es die Stricke und Pfähle erlaubten, und erblickte ein ungefähr anderthalb Fuß hohes Gerüst, welches mit einer oder drei Leitern, um 90 es zu besteigen, versehen, vier jener Eingeborenen tragen konnte.

Von dort aus hielt eines der Geschöpfe, wie es schien ein Mann von Stande, eine lange an mich gerichtete
95 Rede, wovon ich aber keine Silbe verstand. Jedoch ich muss noch erwähnen, dass jene Hauptperson, bevor sie ihre Rede begann, dreimal ausrief: *Langro de-hul san* (diese, so wie auch die früheren Worte wurden mir nachher wiederholt und erklärt). Hierauf
100 traten ungefähr fünfzig Einwohner näher, welche die Stricke an der linken Seite meines Kopfes abschnitten, sodass ich denselben rechts hin drehen und die Gestalt so wie die Handlung des Diminutiv-Menschen, welcher reden wollte, beobachten konnte. Er
105 war ein Mann von mittlerer Größe, und schlanker als die andern drei, welche ihn begleiteten. Einer derselben war ein Page, der ihm die Schleppe hielt und etwas länger als mein Mittelfinger zu sein schien. Die andern beiden standen an den Seiten der hohen Per-
110 son, um sie zu halten. Diese spielte vollkommen die Rolle eines Redners, und ich konnte manche Perioden der Drohung, eine andere der Versprechung, des Mitleids und der Höflichkeit unterscheiden. Ich antwortete in wenig Worten, jedoch in der untertänigs-
115 ten Weise. Die linke Hand und die Augen erhob ich zur Sonne, als wollte ich sie zum Zeugen anrufen. Da ich nun aber mehrere Stunden, bevor ich das Schiff verließ, nur einige sehr schmale Bissen gegessen hatte, war ich jetzt beinahe verhungert; die Ansprüche

der Natur wirkten deshalb mit solcher Stärke, dass 120 ich es nicht unterlassen konnte, meine Ungeduld, vielleicht gegen die strengen Regeln des Anstandes, dadurch zu zeigen, dass ich meinen Finger mehrere Male in den Mund steckte, um anzudeuten, ich müsse durchaus Nahrung zu mir nehmen. 125
Der Hurgo (so nannten die andern den erwähnten vornehmen Herrn, wie ich nachher erfuhr) verstand mich vollkommen. Er stieg von dem Gerüste herab und gab Befehl, mehrere Leitern an meine Seite zu stellen; ungefähr hundert Einwohner stiegen hinauf 130 und gingen mit Körben voll Fleisch, welches auf des Königs Befehl nach der ersten Nachricht von meiner Ankunft hierher gesandt war, auf meinen Mund zu. Ich erkannte dasselbe als das Fleisch verschiedener Tiere, konnte es aber nach dem Geschmack nicht un- 135 terscheiden. Mir wurden Keulen- und Rippenstücke, von der Gestalt der Hammel-Keulen und Rippen, gebracht; sie waren sehr schmackhaft gekocht, aber nur von der Größe eines Lerchenflügels. Zwei oder drei steckte ich auf einmal mit drei runden Broten, so 140 dick wie Musketenkugeln, in den Mund. Jene versahen mich nun so schnell als möglich mit Nahrung und äußerten dabei mehr als tausendmal ihr Erstaunen über meine Größe und meinen Hunger.

Swift, Jonathan: Gullivers Reisen. Zitiert nach: http://gutenberg.spiegel.
de/buch/4283/5 (Letzter Zugriff am 21.05.2013)

....

Der Rabe und der Fuchs

Gotthold Ephraim Lessing

 KV 5   **KOMPETENZTEST**  S. 77

Ein Rabe trug ein Stück vergiftetes Fleisch, das der erzürnte Gärtner für die Katzen seines Nachbarn hingeworfen hatte, in seinen Klauen fort.
Und eben wollte er es auf einer alten Eiche verzeh-
5 ren, als sich ein Fuchs herbeischlich und ihm zurief:
„Sei mir gesegnet, Vogel des Jupiter!"
„Für wen siehst du mich an?", fragte der Rabe.
„Für wen ich dich ansehe?", erwiderte der Fuchs.
„Bist du nicht der rüstige Adler, der täglich von der
10 Rechten des Zeus auf diese Eiche herabkommt, mich Armen zu speisen? Warum verstellst du dich? Sehe ich denn nicht in der siegreichen Klaue die erflehte Gabe, die mir dein Gott durch dich zu schicken noch fortfährt?"

Der Rabe erstaunte und freute sich innig, für einen 15 Adler gehalten zu werden. „Ich muss", dachte er, „den Fuchs aus diesem Irrtum nicht bringen." – Großmütig dumm ließ er ihm also seinen Raub herabfallen und flog stolz davon.
Der Fuchs fing das Fleisch lachend auf und fraß es 20 mit boshafter Freude. Doch bald verkehrte sich die Freude in ein schmerzhaftes Gefühl: Das Gift fing an zu wirken, und er verreckte.
Möchtet ihr euch nie etwas anderes als Gift erloben, verdammte Schmeichler! 25

Lessing, Gotthold Ephraim: Der Rabe und der Fuchs. Zitiert nach: http://
gutenberg.spiegel.de/buch/1184/41 (Letzter Zugriff am 19.05.2013)

Münchhausens drittes Seeabenteuer

Gottfried August Bürger

KV 6 KOMPETENZTEST S. 78

Einst war ich in großer Gefahr, im Mittelländischen Meere umzukommen. Ich badete mich nämlich an einem Sommernachmittag unweit Marseille in der angenehmen See, als ich einen großen Fisch mit weit
5 aufgesperrtem Rachen in der größten Geschwindigkeit auf mich daherschießen sah. Zeit war hier schlechterdings nicht zu verlieren, auch war es durchaus unmöglich, ihm zu entkommen. Unverzüglich drückte ich mich so klein zusammen als möglich,
10 indem ich meine Füße herauszog und die Arme dicht an den Leib schloss. In dieser Stellung schlüpfte ich denn gerade zwischen seinen Kiefern hindurch bis in den Magen hinab. Hier brachte ich, wie man leicht denken kann, einige Zeit in gänzlicher Finsternis,
15 aber doch in einer nicht unbehaglichen Wärme zu. Da ich ihm nach und nach Magendrücken verursachen mochte, so wäre er mich wohl gern wieder los gewesen. Weil es mir gar nicht an Raume fehlte, so spielte ich ihm durch Tritt und Schritt, durch Hopp
20 und He gar manchen Possen. Nichts schien ihn aber mehr zu beunruhigen als die schnelle Bewegung meiner Füße, da ich's versuchte, einen schottischen Triller zu tanzen. Ganz entsetzlich schrie er auf und erhob sich fast senkrecht mit seinem halben Leibe aus
25 dem Wasser. Hierdurch wurde er aber von der Besatzung eines vorbeisegelnden italienischen Kauffahrteischiffes entdeckt und in wenigen Minuten mit Harpunen erlegt. Sobald er an Bord gebracht war, hörte ich das Volk sich beratschlagen, wie sie ihn
30 aufschneiden wollten, um die größte Menge Öl von ihm zu gewinnen. Da ich nun Italienisch verstand, so geriet ich in die schrecklichste Angst, dass ihre Messer auch mich zugleich mit ihm aufschneiden möchten. Daher stellte ich mich so viel möglich in die Mitte des Magens, worin für mehr als ein Dutzend Mann 35 hinlänglich Platz war, weil ich mir wohl einbilden konnte, dass sie mit den Extremitäten den Anfang machen würden. Meine Furcht verschwand indessen bald, da sie mit Öffnung des Unterleibes anfingen. Sobald ich nun nur ein wenig Licht schimmern sah, 40 schrie ich ihnen aus voller Lunge entgegen, wie angenehm es mir wäre, die Herren zu sehen und durch sie aus einer Lage erlöset zu werden, in welcher ich beinahe erstickt wäre. Unmöglich lässt sich das Erstaunen auf allen Gesichtern lebhaft genug schildern, 45 als sie eine Menschenstimme aus einem Fische heraus vernahmen. Dies wuchs natürlicherweise noch mehr, als sie lang und breit einen nackten Menschen herausspazieren sahen. Kurz, meine Herren, ich erzählte ihnen die ganze Begebenheit, so wie ich sie 50 Ihnen jetzt erzählt habe, worüber sie sich denn alle fast zu Tode verwundern wollten.

Nachdem ich einige Erfrischungen zu mir genommen hatte und in die See gesprungen war, um mich abzuspülen, schwamm ich nach meinen Kleidern, welche 55 ich auch am Ufer ebenso wiederfand, als ich sie gelassen hatte. Soviel ich rechnen konnte, war ich ungefähr dreieinhalb Stunden in dem Magen dieser Bestie eingekerkert gewesen.

Bürger, Gottfried August: Münchhausens drittes Seeabenteuer. Zitiert nach: http://gutenberg.spiegel.de/buch/620/9 (Letzter Zugriff am 22.05.2013; Text geringfügig angepasst)

Der geheilte Patient

Johann Peter Hebel

KV 7 KLASSENARBEITSVOR-SCHLAG, KOMPETENZ-TEST S. 80

Reiche Leute haben trotz ihrer gelben Vögel doch manchmal auch allerlei Lasten und Krankheiten auszustehen, von denen gottlob der arme Mann nichts weiß, denn es gibt Krankheiten, die nicht in der Luft
5 stecken, sondern in den vollen Schüsseln und Gläsern, und in den weichen Sesseln und seidenen Betten, wie jener reiche Amsterdamer ein Wort davon reden kann. Den ganzen Vormittag saß er im Lehnsessel und rauchte Tabak, wenn er nicht zu träge war,
10 oder hatte Maulaffen feil zum Fenster hinaus, aß aber zu Mittag doch wie ein Drescher, und die Nachbarn sagten manchmal: „Windet's draußen, oder schnauft der Nachbar so?" – Den ganzen Nachmittag aß und trank er ebenfalls bald etwas Kaltes bald etwas Warmes, ohne Hunger und ohne Appetit, aus 15 lauter Langerweile bis an den Abend, also dass man bei ihm nie recht sagen konnte, wo das Mittagessen aufhörte und wo das Nachtessen anfing. Nach dem Nachtessen legte er sich ins Bett, und war so müd, als wenn er den ganzen Tag Steine abgeladen oder Holz 20 gespalten hätte. Davon bekam er zuletzt einen dicken Leib, der so unbeholfen war, wie ein Malter-

sack. Essen und Schlaf wollte ihm nimmer schmecken, und er war lange Zeit, wie es manchmal geht,
25 nicht recht gesund und nicht recht krank; wenn man
aber ihn selber hörte, so hatte er 365 Krankheiten,
nämlich alle Tage eine andere. Alle Ärzte, die in Amsterdam sind, mussten ihm raten. Er verschluckte ganze Feuereimer voll Mixturen, und ganze Schaufeln
30 voll Pulver, und Pillen wie Enteneier so groß, und
man nannte ihn zuletzt scherzweise nur die zweibei-
nige Apotheke. Aber alle Arzneien halfen ihm nichts,
denn er folgte nicht, was ihm die Ärzte befahlen,
sondern sagte: „Fouder, wofür bin ich ein reicher
35 Mann, wenn ich soll leben wie ein Hund, und der
Doktor will mich nicht gesund machen für mein
Geld?" Endlich hörte er von einem Arzt, der hundert
Stund weit weg wohnte, der sei so geschickt, dass die
Kranken gesund werden, wenn er sie nur recht an-
40 schaue, und der Tod geh ihm aus dem Weg, wo er sich
sehen lasse. Zu dem Arzt fasste der Mann ein Zu-
trauen, und schrieb ihm seinen Umstand. Der Arzt
merkte bald, was ihm fehle, nämlich nicht Arznei,
sondern Mäßigkeit und Bewegung und sagte: „Wart,
45 dich will ich bald kuriert haben." Deswegen schrieb
er ihm ein Brieflein folgenden Inhalts: „Guter Freund,
Ihr habt einen schlimmen Umstand, doch wird Euch
zu helfen sein, wenn Ihr folgen wollt. Ihr habt ein bös
Tier im Bauch, einen Lindwurm mit sieben Mäulern.
50 Mit dem Lindwurm muss ich selber reden, und Ihr
müsst zu mir kommen. Aber fürs erste so dürft Ihr
nicht fahren oder auf dem Rösslein reiten, sondern
auf des Schuhmachers Rappen, sonst schüttelt Ihr
den Lindwurm, und er beißt Euch die Eingeweide ab,
55 sieben Därme auf einmal ganz entzwei. Fürs andere
dürft Ihr nicht mehr essen als zweimal des Tages einen Teller voll Gemüs, mittags ein Bratwürstlein dazu
und nachts ein Ei, und am Morgen ein Fleischsüpplein mit Schnittlauch drauf. Was Ihr mehr esset, da-
60 von wird nur der Lindwurm größer, also dass er Euch
die Leber erdrückt, und der Schneider hat Euch nimmer viel anzumessen, aber der Schreiner. Dies ist
mein Rat, und wenn Ihr mir nicht folgt, so hört Ihr im
andern Frühjahr den Kuckuck nimmer schreien. Tut,

was Ihr wollt!" Als der Patient so mit ihm reden hör- 65
te, ließ er sich sogleich den andern Morgen die Stiefel salben und machte sich auf den Weg, wie ihm der
Doktor befohlen hatte. Den ersten Tag ging es so
langsam, dass wohl eine Schnecke hätte können sein
Vorreiter sein, und wer ihn grüßte, dem dankte er 70
nicht, und wo ein Würmlein auf der Erde kroch, das
zertrat er. Aber schon am zweiten und am dritten
Morgen kam es ihm vor, als wenn die Vögel schon
lange nimmer so lieblich gesungen hätten wie heut,
und der Tau schien ihm so frisch und die Kornrosen 75
im Feld so rot, und alle Leute, die ihm begegneten,
sahen so freundlich aus, und er auch, und alle Morgen, wenn er aus der Herberge ausging, war's schö-
ner, und er ging leichter und munterer dahin, und als
er am 18. Tage in der Stadt des Arztes ankam, und 80
den andern Morgen aufstand, war es ihm so wohl,
dass er sagte: „Ich hätte zu keiner ungeschicktern
Zeit können gesund werden als jetzt, wo ich zum
Doktor soll. Wenn's mir doch nur ein wenig in den
Ohren brauste, oder das Herzwasser lief mir." Als er 85
zum Doktor kam, nahm ihn der Doktor bei der Hand,
und sagte ihm: „Jetzt erzählt mir denn noch einmal
von Grund aus, was Euch fehlt." Da sagte er: „Herr
Doktor, mir fehlt gottlob nichts, und wenn Ihr so gesund seid wie ich, so soll's mich freuen." Der Doktor 90
sagte: „Das hat Euch ein guter Geist geraten, dass Ihr
meinem Rat gefolgt habt. Der Lindwurm ist jetzt ab-
gestanden. Aber Ihr habt noch Eier im Leib, desweg-
en müsst Ihr wieder zu Fuß heimgehen, und daheim
fleißig Holz sägen, das niemand sieht, und nicht 95
mehr essen, als Euch der Hunger ermahnt, damit die
Eier nicht ausschlupfen, so könnt Ihr ein alter Mann
werden", und lächelte dazu. Aber der reiche Fremdling sagte: „Herr Doktor, Ihr seid ein feiner Kauz, und
ich versteh Euch wohl", und hat nachher dem Rat 100
gefolgt, und 87 Jahre, 4 Monate 10 Tage gelebt, wie
ein Fisch im Wasser so gesund, und hat alle Neujahr
dem Arzt 20 Dublonen zum Gruß geschickt.

*Hebel, Johann Peter: Der geheilte Patient. In: J. P. Hebel: Werke 1. Erzäh-
lungen des Rheinländischen Hausfreundes. Vermischte Schriften. Hrsg. v.
Eberhard Meckel. Frankfurt: Insel Verlag 1968. S. 232–235*

Kannitverstan

Johann Peter Hebel

KV 8

AUFGABEN S. 81

Der Mensch hat wohl täglich Gelegenheit, in Emmendingen und Gundelfingen so gut als in Amsterdam, Betrachtungen über den Unbestand aller irdischen Dinge anzustellen, wenn er will, und zufrieden
5 zu werden mit seinem Schicksal, wenn auch nicht viel gebratene Tauben für ihn in der Luft herumfliegen. Aber auf dem seltsamsten Umweg kam ein deutscher Handwerksbursche in Amsterdam durch den Irrtum zur Wahrheit und zu ihrer Erkenntnis.
10 Denn als er in diese große und reiche Handelsstadt voll prächtiger Häuser, wogender Schiffe und geschäftiger Menschen gekommen war, fiel ihm sogleich ein großes und schönes Haus in die Augen, wie er auf seiner ganzen Wanderschaft von Tuttlingen bis
15 nach Amsterdam noch keines erlebt hatte. Lange betrachtete er mit Verwunderung dies kostbare Gebäude, die sechs Kamine auf dem Dach, die schönen Gesimse und die hohen Fenster, größer als an des Vaters Haus daheim die Tür. Endlich konnte er sich nicht
20 entbrechen, einen Vorübergehenden anzureden. „Guter Freund", redete er ihn an, „könnt Ihr mir nicht sagen, wie der Herr heißt, dem dieses wunderschöne Haus gehört mit den Fenstern voll Tulipanen, Sternenblumen und Levkojen?" Der Mann aber, der ver-
25 mutlich etwas Wichtigeres zu tun hatte und zum Unglück gerade soviel von der deutschen Sprache verstand als der Fragende von der holländischen, nämlich nichts, sagte kurz und schnauzig: „Kannitverstan!", und schnurrte vorüber. Dies war nur ein
30 holländisches Wort, oder drei, wenn man`s recht betrachtet, und heißt auf Deutsch soviel als: Ich kann Euch nicht verstehen. Aber der gute Fremdling glaubte, es sei der Name des Mannes, nach dem er gefragt hatte. 'Das muss ein grundreicher Mann sein,
35 der Herr Kannitverstan', dachte er und ging weiter. Gass aus, Gass ein kam er endlich an den Meerbusen, der da heißt: Het Ei, oder auf Deutsch: das Ypsilon. Da stand nun Schiff an Schiff und Mastbaum an Mastbaum, und er wusste anfänglich nicht, wie er es
40 mit seinen zwei einzigen Augen durchfechten werde, alle diese Merkwürdigkeiten genug zu sehen und zu betrachten, bis endlich ein großes Schiff seine Aufmerksamkeit an sich zog, das vor kurzem aus Ostindien angelangt war und jetzt eben ausgeladen wur-
45 de. Schon standen ganze Reihen von Kisten und Ballen auf- und nebeneinander am Lande. Noch immer wurden mehrere herausgewälzt, und Fässer voll

Zucker und Kaffee, voll Reis und Pfeffer und salveni[1] Mausdreck darunter. Als er aber lange zugesehen hatte, fragte er endlich einen, der eben eine Kiste auf 50 der Achsel heraustrug, wie der glückliche Mann heiße, dem das Meer alle diese Waren an das Land bringe. „Kannitverstan!", war die Antwort. Da dachte er: 'Haha, schaut`s da heraus? Kein Wunder! Wem das Meer solche Reichtümer an das Land schwemmt, der 55 hat gut solche Häuser in die Welt stellen und solcherlei Tulipanen vor die Fenster in vergoldeten Scherben.' Jetzt ging er wieder zurück und stellte eine recht traurige Betrachtung bei sich selbst an, was er für ein armer Teufel sei unter so viel reichen Leuten 60 in der Welt. Aber als er eben dachte: 'Wenn ich`s doch nur auch einmal so gut bekäme, wie dieser Herr Kannitverstan es hat!', kam er um eine Ecke und erblickte einen Leichenzug. Vier schwarz vermummte Pferde zogen einen ebenfalls schwarz überzogenen 65 Leichenwagen langsam und traurig, als ob sie wüssten, dass sie einen Toten in seine Ruhe führten. Ein langer Zug von Freunden und Bekannten des Verstorbenen folgte nach, Paar und Paar, verhüllt in schwarze Mäntel und stumm. In der Ferne läutete ein 70 einsames Glöcklein. Jetzt ergriff unseren Fremdling ein wehmütiges Gefühl, das an keinem guten Menschen vorübergeht, wenn er eine Leiche sieht, und blieb mit dem Hut in den Händen andächtig stehen, bis alles vorüber war. Doch machte er sich an den 75 letzten vom Zug, der eben in aller Stille ausrechnete, was er an seiner Baumwolle gewinnen könnte, wenn der Zentner um zehn Gulden aufschlüge, ergriff ihn sachte am Mantel und bat ihn treuherzig um Exküse[2]. „Das muss wohl auch ein guter Freund von euch 80 gewesen sein", sagte er, „dem das Glöcklein läutet, dass ihr so betrübt und nachdenklich mitgeht?" – „Kannitverstan!", war die Antwort. Da fielen unserem guten Tuttlinger ein paar große Tränen aus den Augen, und es ward ihm auf einmal schwer und wie- 85 der leicht ums Herz. „Armer Kannitverstan", rief er aus, „was hast du nun von allem deinem Reichtum? Was ich einst auch bekomme: ein Totenkleid und ein

---

[1] verkürzte Form von lat. salva venia „mit Vorbehalt der Verzeihung", d. h.: „Entschuldigung, dass ich so ein Wort verwende."

[2] Entschuldigung

Leintuch, und von allen deinen schönen Blumen
90 vielleicht einen Rosmarin auf die kalte Brust oder eine Raute". Mit diesen Gedanken begleitete er die
Leiche, als wenn er dazu gehörte, bis an Grab, sah
den vermeinten Herrn Kannitverstan hinabsenken in
seine Ruhestätte und ward von der holländischen
95 Leichenpredigt, von der er kein Wort verstand, mehr
gerührt als von mancher deutschen, auf die er nicht
achtgab. Endlich ging er leichten Herzens mit den

anderen wieder fort, verzehrte in einer Herberge, wo
man Deutsch verstand, mit gutem Appetit ein Stück
Limburger Käse, und wenn es ihm wieder einmal 100
schwerfallen wollte, dass so viele Leute in der Welt
so reich seien und er so arm, so dachte er nur an den
Herrn Kannitverstan in Amsterdam, an sein großes
Haus, an sein reiches Schiff und an sein enges Grab.

Hebel, Johann Peter: Kannitverstan. In: Johann Peter Hebel: Werke. Hrsg.
von Eberhard Meckel. Bd. 1.: Erzählungen des Rheinländischen Haus-
freundes. Vermischte Schriften. Frankfurt: Insel 1968. S. 51–53.

Der Vater und der Sohn

Johann Peter Hebel

 KV 9

 AUFGABEN S. 82

Der Vater stellte ein Gläslein voll Arznei in die Schublade, weil er glaubte, es sei nirgends besser verwahrt.
Als aber der Sohn nach Hause kam und die Schublade schnell aufziehen wollte, fiel das Gläslein um und
5 zerbrach. Da gab ihm der Vater eine zornige Ohrfeige
und sagte: „Kannst du nicht zuerst schauen, was in
der Schublade ist, eh du sie auftust?" Der Sohn erwiderte zwar, nein, das könne niemand. Aber der Vater

sagte: „Den Augenblick sei still oder du bekommst
noch eine."   10
Merke: Man ist nie geneigter, Unrecht zu tun, als
wenn man Unrecht hat. Recht ist gut beweisen. Aber
für das Unrecht braucht man schon Ohrfeigen und
Drohungen zum Beweistum.

Hebel, Johann Peter: Der Vater und der Sohn. In: J. P. Hebel: Werke 1. Er-
zählungen des Rheinländischen Hausfreundes. Vermischte Schriften. Hrsg.
v. Eberhard Meckel. Frankfurt: Insel Verlag 1968. S. 243.

Der Werwolf

Brüder Grimm

 KV 10

 KOMPETENZTEST S. 83

Ein Soldat erzählte folgende Geschichte, die seinem
eignen Großvater begegnet sein soll:
Dieser, sein Großvater, sei einmal zu Wald holzhauen
gegangen, mit einem Gevatter und noch einem Drit-
5 ten, welchen Dritten man immer im Verdacht gehabt,
dass es nicht ganz richtig mit ihm gewesen; doch so
hätte man nichts Gewisses davon zu sagen gewusst.
Nun hätten die dreie ihre Arbeit getan und wären
müde geworden, worauf dieser Dritte vorgeschlagen:
10 ob sie nicht ein bisschen ausschlafen wollten. Das sei
denn nun so geschehen, jeder hätte sich nieder an
den Boden gelegt; er, der Großvater, aber nur so getan, als schliefe er, und die Augen ein wenig aufge-
macht. Da hätte der Dritte erst recht um sich gese-
15 hen, ob die andern auch schliefen, und als er solches
geglaubt, auf einmal den Gürtel abgeworfen und wäre ein Werwolf gewesen, doch sehe ein solcher Wer-

wolf nicht ganz aus wie ein natürlicher Wolf, sondern
etwas anders. Darauf wäre er weggelaufen zu einer
nahen Wiese, wo gerade ein jung Füllen gegraset, das 20
hätte er angefallen und gefressen mit Haut und Haar.
Hernach wäre er zurückgekommen, hätte den Gürtel
wieder umgetan und nun, wie zuvor, in menschlicher
Gestalt dagelegen. Nach einer kleinen Weile, als sie
alle zusammen aufgestanden, wären sie heim nach 25
der Stadt gegangen, und wie sie eben am Schlagbaum
gewesen, hätte jener Dritte über Magenweh geklagt.
Da hätte ihm der Großvater heimlich ins Ohr geraunt:
„Das will ich wohl glauben, wenn man ein Pferd mit
Haut und Haar in den Leib gegessen hat"; jener aber 30
geantwortet: „Hättest du mir das im Walde gesagt, so
solltest du es jetzo nicht mehr sagen."

Grimm, Jacob und Wilhelm: Der Werwolf. Zitiert nach: http://gutenberg.
spiegel.de/buch/753/78 (Letzter Zugriff am 18.05.2013)

Der Froschkönig oder der eiserne Heinrich

Brüder Grimm

KV 11    AUFGABEN  S. 84

In den alten Zeiten, wo das Wünschen noch geholfen hat, lebte ein König, dessen Töchter waren alle schön, aber die jüngste war so schön, dass die Sonne selber, die doch so vieles gesehen hat, sich verwunderte, so-
5 oft sie ihr ins Gesicht schien. Nahe bei dem Schlosse des Königs lag ein großer dunkler Wald, und in dem Walde unter einer alten Linde war ein Brunnen; wenn nun der Tag sehr heiß war, so ging das Königs-kind hinaus in den Wald und setzte sich an den Rand
10 des kühlen Brunnens: und wenn sie Langeweile hat-te, so nahm sie eine goldene Kugel, warf sie in die Höhe und fing sie wieder; und das war ihr liebstes Spielwerk.

Nun trug es sich einmal zu, dass die goldene Kugel
15 der Königstochter nicht in ihr Händchen fiel, das sie in die Höhe gehalten hatte, sondern vorbei auf die Erde schlug und geradezu ins Wasser hineinrollte. Die Königstochter folgte ihr mit den Augen nach, aber die Kugel verschwand, und der Brunnen war
20 tief, so tief, dass man keinen Grund sah. Da fing sie an zu weinen und weinte immer lauter und konnte sich gar nicht trösten. Und wie sie so klagte, rief ihr jemand zu: „Was hast du vor, Königstochter, du schreist ja, dass sich ein Stein erbarmen möchte." Sie
25 sah sich um, woher die Stimme käme, da erblickte sie einen Frosch, der seinen dicken hässlichen Kopf aus dem Wasser streckte. „Ach, du bist's, alter Wasser-patscher", sagte sie, „ich weine über meine goldene Kugel, die mir in den Brunnen hinabgefallen ist." „Sei
30 still und weine nicht", antwortete der Frosch, „ich kann wohl Rat schaffen, aber was gibst du mir, wenn ich dein Spielwerk wieder heraufhole?" „Was du ha-ben willst, lieber Frosch", sagte sie, „meine Kleider, meine Perlen und Edelsteine, auch noch die goldene
35 Krone, die ich trage." Der Frosch antwortete: „Deine Kleider, deine Perlen und Edelsteine und deine gol-dene Krone, die mag ich nicht: aber wenn du mich lieb haben willst, und ich soll dein Geselle und Spiel-kamerad sein, an deinem Tischlein neben dir sitzen,
40 von deinem goldenen Tellerlein essen, aus deinem Becherlein trinken, in deinem Bettlein schlafen: wenn du mir das versprichst, so will ich hinunterstei-gen und dir die goldene Kugel wieder heraufholen." „Ach ja", sagte sie, „ich verspreche dir alles, was du
45 willst, wenn du mir nur die Kugel wiederbringst." Sie

dachte aber: Was der einfältige Frosch schwätzt, der sitzt im Wasser bei seinesgleichen und quakt, und kann keines Menschen Geselle sein.

Der Frosch, als er die Zusage erhalten hatte, tauchte seinen Kopf unter, sank hinab, und über ein Weil- 50 chen kam er wieder heraufgerudert; hatte die Kugel im Maul und warf sie ins Gras. Die Königstochter war voll Freude, als sie ihr schönes Spielwerk wieder er-blickte, hob es auf und sprang damit fort. „Warte, warte", rief der Frosch, „nimm mich mit, ich kann 55 nicht so laufen wie du." Aber was half ihm, dass er ihr sein quak, quak so laut nachschrie, als er konnte! Sie hörte nicht darauf, eilte nach Haus und hatte bald den armen Frosch vergessen, der wieder in seinen Brunnen hinabsteigen musste.   60

Am andern Tage, als sie mit dem König und allen Hofleuten sich zur Tafel gesetzt hatte und von ihrem goldenen Tellerlein aß, da kam, plitsch platsch, plitsch platsch, etwas die Marmortreppe heraufgekrochen, und als es oben angelangt war, klopfte es an der Tür 65 und rief: „Königstochter, jüngste, mach mir auf." Sie lief und wollte sehen, wer draußen wäre, als sie aber aufmachte, so saß der Frosch davor. Da warf sie die Tür hastig zu, setzte sich wieder an den Tisch, und war ihr ganz angst. Der König sah wohl, dass ihr das 70 Herz gewaltig klopfte, und sprach: „Mein Kind, was fürchtest du dich, steht etwa ein Riese vor der Tür und will dich holen?" „Ach nein", antwortete sie, „es ist kein Riese, sondern ein garstiger Frosch." „Was will der Frosch von dir?" „Ach lieber Vater, als ich 75 gestern im Wald bei dem Brunnen saß und spielte, da fiel meine goldene Kugel ins Wasser. Und weil ich so weinte, hat sie der Frosch wieder heraufgeholt, und weil er es durchaus verlangte, so versprach ich ihm, er sollte mein Geselle werden, ich dachte aber nim- 80 mermehr, dass er aus seinem Wasser heraus könnte. Nun ist er draußen und will zu mir herein." Indem klopfte es zum zweiten Mal und rief:

„Königstochter, jüngste,
mach mir auf,   85
weißt du nicht, was gestern
du zu mir gesagt
bei dem kühlen Brunnenwasser?
Königstochter, jüngste,
mach mir auf."   90

Da sagte der König: „Was du versprochen hast, das musst du auch halten; geh nur und mach ihm auf." Sie ging und öffnete die Türe, da hüpfte der Frosch herein, ihr immer auf dem Fuße nach, bis zu ihrem
95 Stuhl. Da saß er und rief: „Heb mich herauf zu dir." Sie zauderte, bis es endlich der König befahl. Als der Frosch erst auf dem Stuhl war, wollte er auf den Tisch, und als er da saß, sprach er: „Nun schieb mir dein goldenes Tellerlein näher, damit wir zusammen
100 essen." Das tat sie zwar, aber man sah wohl, dass sie's nicht gerne tat. Der Frosch ließ sich's gut schmecken, aber ihr blieb fast jedes Bisslein im Halse. Endlich sprach er: „Ich habe mich satt gegessen und bin müde, nun trag mich in dein Kämmerlein
105 und mach dein seiden Bettlein zurecht, da wollen wir uns schlafen legen." Die Königstochter fing an zu weinen und fürchtete sich vor dem kalten Frosch, den sie nicht anzurühren getraute, und der nun in ihrem schönen reinen Bettlein schlafen sollte. Der
110 König aber ward zornig und sprach: „Wer dir geholfen hat, als du in der Not warst, den sollst du hernach nicht verachten" Da packte sie ihn mit zwei Fingern, trug ihn hinauf und setzte ihn in eine Ecke. Als sie aber im Bette lag, kam er gekrochen und sprach: „Ich
115 bin müde, ich will schlafen so gut wie du: heb mich herauf, oder ich sag's deinem Vater." Da ward sie erst bitterböse, holte ihn herauf und warf ihn aus allen Kräften wider die Wand. „Nun wirst du Ruhe haben, du garstiger Frosch."
120 Als er aber herabfiel, war er kein Frosch, sondern ein Königssohn mit schönen freundlichen Augen. Der war nun nach ihres Vaters Willen ihr lieber Geselle und Gemahl. Da erzählte er ihr, er wäre von einer bösen Hexe verwünscht worden, und niemand hätte
125 ihn aus dem Brunnen erlösen können als sie allein,

und morgen wollten sie zusammen in sein Reich gehen. Dann schliefen sie ein, und am andern Morgen, als die Sonne sie aufweckte, kam ein Wagen herangefahren mit acht weißen Pferden bespannt, die hatten weiße Straußfedern auf dem Kopf und gingen in 130 goldenen Ketten, und hinten stand der Diener des jungen Königs, das war der treue Heinrich. Der treue Heinrich hatte sich so betrübt, als sein Herr war in einen Frosch verwandelt worden, dass er drei eiserne Bande hatte um sein Herz legen lassen, damit es ihm 135 nicht vor Weh und Traurigkeit zerspränge. Der Wagen aber sollte den jungen König in sein Reich abholen; der treue Heinrich hob beide hinein, stellte sich wieder hinten auf und war voller Freude über die Erlösung. Und als sie ein Stück Wegs gefahren wa- 140 ren, hörte der Königssohn, dass es hinter ihm krachte, als wäre etwas zerbrochen. Da drehte er sich um und rief:

„Heinrich, der Wagen bricht."
„Nein, Herr, der Wagen nicht,   145
es ist ein Band von meinem Herzen,
das da lag in großen Schmerzen,
als Ihr in dem Brunnen saßt,
als Ihr eine Fretsche (Frosch) wast (wart)."

Noch einmal und noch einmal krachte es auf dem 150 Weg, und der Königssohn meinte immer, der Wagen bräche, und es waren doch nur die Bande, die vom Herzen des treuen Heinrich absprangen, weil sein Herr erlöst und glücklich war.

Grimm, Jacob und Wilhelm: Der Froschkönig oder der eiserne Heinrich. In: Brüder Grimm: Kinder- und Hausmärchen. Ausgabe letzter Hand mit den Originalanmerkungen der Brüder Grimm. Band 1. Märchen Nr. 1-86. Stuttgart: Reclam 1993. S. 29-33.

Die weiße Schlange

Brüder Grimm

KV 12   KOMPETENZTEST S.85

Es ist nun schon lange her, da lebte ein König, dessen Weisheit im ganzen Lande berühmt war. Nichts blieb ihm unbekannt, und es war, als ob ihm Nachricht von den verborgensten Dingen durch die Luft zugetragen
5 würde. Er hatte aber eine seltsame Sitte. Jeden Mittag, wenn von der Tafel alles abgetragen und niemand mehr zugegen war, musste ein vertrauter Diener noch eine Schüssel bringen. Sie war aber zugedeckt, und der Diener wusste selbst nicht, was

darin lag, und kein Mensch wusste es, denn der Kö- 10 nig deckte sie nicht eher auf und aß nicht davon, bis er ganz allein war. Das hatte schon lange Zeit gedauert, da überkam eines Tages den Diener, der die Schüssel wieder wegtrug, die Neugierde, dass er nicht widerstehen konnte, sondern die Schüssel in 15 seine Kammer brachte. Als er die Tür sorgfältig verschlossen hatte, hob er den Deckel auf, und da sah er, dass eine weiße Schlange darin lag. Bei ihrem An-

blick konnte er die Lust nicht zurückhalten, sie zu
20 kosten; er schnitt ein Stückchen davon ab und steckte es in den Mund. Kaum aber hatte es seine Zunge
berührt, so hörte er vor seinem Fenster ein seltsames
Gewisper von feinen Stimmen. Er ging hin und
horchte, da merkte er, dass es die Sperlinge waren,
25 die miteinander sprachen und sich allerlei erzählten,
was sie im Felde und Walde gesehen hatten. Der Ge-
nuss der Schlange hatte ihm die Fähigkeit verliehen,
die Sprache der Tiere zu verstehen.

Nun trug es sich zu, dass gerade an diesem Tage der
30 Königin ihr schönster Ring fortkam und auf den ver-
trauten Diener, der überall Zugang hatte, der Verdacht fiel, er habe ihn gestohlen. Der König ließ ihn
vor sich kommen und drohte ihm unter heftigen
Scheltworten, wenn er bis morgen den Täter nicht zu
35 nennen wüsste, so sollte er dafür angesehen und gerichtet werden. Es half nichts, dass er seine Unschuld
beteuerte, er ward mit keinem besseren Bescheid
entlassen. In seiner Unruhe und Angst ging er hinab
auf den Hof und bedachte, wie er sich aus seiner Not
40 helfen könne. Da saßen die Enten an einem fließen-
den Wasser friedlich nebeneinander und ruhten, sie
putzten sich mit ihren Schnäbeln glatt und hielten
ein vertrauliches Gespräch. Der Diener blieb stehen
und hörte ihnen zu. Sie erzählten sich, wo sie heute
45 Morgen all herumgewackelt wären, und was für ein
gutes Futter sie gefunden hätten, da sagte eine ver-
drießlich: „Mir liegt etwas schwer im Magen, ich habe einen Ring, der unter der Königin Fenster lag, in
der Hast mit hinuntergeschluckt." Da packte sie der
50 Diener gleich beim Kragen, trug sie in die Küche und
sprach zum Koch: „Schlachte doch diese ab, sie ist
wohl genährt." „Ja", sagte der Koch und wog sie in
der Hand, „die hat keine Mühe gescheut, sich zu
mästen, und schon lange darauf gewartet, gebraten
55 zu werden." Er schnitt ihr den Hals ab, und als sie
ausgenommen ward, fand sich der Ring der Königin
in ihrem Magen. Der Diener konnte nun leicht vor
dem Könige seine Unschuld beweisen, und da dieser
sein Unrecht wieder gutmachen wollte, erlaubte er
60 ihm, sich eine Gnade auszubitten, und versprach ihm
die größte Ehrenstelle, die er sich an seinem Hofe
wünschte.

Der Diener schlug alles aus und bat nur um ein Pferd
und Reisegeld, denn er hatte Lust die Welt zu sehen
65 und eine Weile darin herumzuziehen. Als seine Bitte
erfüllt war, machte er sich auf den Weg und kam eines Tags an einem Teich vorbei, wo er drei Fische bemerkte, die sich im Rohr gefangen hatten und nach
Wasser schnappten. Obgleich man sagt, die Fische
wären stumm, so vernahm er doch ihre Klage, dass
70 sie so elend umkommen müssten. Weil er ein mitlei-
diges Herz hatte, so stieg er vom Pferde ab und setzte die drei Gefangenen wieder ins Wasser. Sie zappel-
ten vor Freude, streckten die Köpfe heraus und riefen
ihm zu: „Wir wollen dir's gedenken und dir's vergel-
75 ten, dass du uns errettet hast." Er ritt weiter, und
nach einem Weilchen kam es ihm vor, als hörte er zu
seinen Füßen in dem Sand eine Stimme. Er horchte
und vernahm, wie ein Ameisenkönig klagte: „Wenn
uns nur die Menschen mit den ungeschickten Tieren
80 vom Leib blieben! Da tritt mir das dumme Pferd mit
seinen schweren Hufen meine Leute ohne Barmherzigkeit nieder!" Er lenkte auf einen Seitenweg ein,
und der Ameisenkönig rief ihm zu: „Wir wollen dir's
gedenken und dir's vergelten." Der Weg führte ihn in
85 einen Wald, und da sah er einen Rabenvater und eine
Rabenmutter, die standen bei ihrem Nest und warfen
ihre Jungen heraus. „Fort mit euch, ihr Galgen-
schwengel!", riefen sie, „wir können euch nicht mehr
satt machen, ihr seid groß genug, und könnt euch
90 selbst ernähren." Die armen Jungen lagen auf der Erde, flatterten und schlugen mit ihren Fittichen und
schrien: „Wir hilflosen Kinder, wir sollen uns selbst
ernähren und können noch nicht fliegen! Was bleibt
uns übrig, als hier Hungers zu sterben!" Da stieg der
95 gute Jüngling ab, tötete das Pferd mit seinem Degen
und überließ es den jungen Raben zum Futter. Die
kamen herbeigehüpft, sättigten sich und riefen: „Wir
wollen dir's gedenken und dir's vergelten."
Er musste jetzt seine eigenen Beine gebrauchen, und
100 als er lange Wege gegangen war, kam er in eine große
Stadt. Da war großer Lärm und Gedränge in den Straßen und kam einer zu Pferde und machte bekannt,
die Königstochter suche einen Gemahl, wer sich aber
um sie bewerben wolle, der müsse eine schwere Auf-
105 gabe vollbringen, und könne er es nicht glücklich
ausführen, so habe er sein Leben verwirkt. Viele hatten es schon versucht, aber vergeblich ihr Leben daran gesetzt. Der Jüngling, als er die Königstochter
sah, ward von ihrer großen Schönheit so verblendet,
110 dass er alle Gefahr vergaß, vor den König trat und
sich als Freier meldete.
Alsbald ward er hinaus ans Meer geführt und vor
seinen Augen ein goldener Ring hineingeworfen.
Dann hieß ihn der König diesen Ring aus dem Mee-
115 resgrund wieder hervorzuholen, und fügte hinzu:

„Wenn du ohne ihn wieder in die Höhe kommst, so wirst du immer aufs Neue hinabgestürzt, bis du in den Wellen umkommst." Alle bedauerten den schö-
120 nen Jüngling und ließen ihn dann einsam am Meere zurück. Er stand am Ufer und überlegte, was er wohl tun sollte, da sah er auf einmal drei Fische daherschwimmen, und es waren keine andern als jene, welchen er das Leben gerettet hatte. Der mittelste
125 hielt eine Muschel im Munde, die er an den Strand zu den Füßen des Jünglings hinlegte, und als dieser sie aufhob und öffnete, so lag der Goldring darin. Voll Freude brachte er ihn dem Könige und erwartete, dass er ihm den verheißenen Lohn gewähren würde.
130 Die stolze Königstochter aber, als sie vernahm, dass er ihr nicht ebenbürtig war, verschmähte ihn und verlangte, er sollte zuvor eine zweite Aufgabe lösen. Sie ging hinab in den Garten und streute selbst zehn Säcke voll Hirsen ins Gras. „Die muss er morgen, ehe
135 die Sonne hervorkommt, aufgelesen haben", sprach sie, „und darf kein Körnchen fehlen." Der Jüngling setzte sich in den Garten und dachte nach, wie es möglich wäre, die Aufgabe zu lösen, aber er konnte nichts ersinnen, saß da ganz traurig und erwartete,
140 bei Anbruch des Morgens zum Tode geführt zu werden. Als aber die ersten Sonnenstrahlen in den Garten fielen, so sah er die zehn Säcke alle wohl gefüllt nebeneinander stehen, und kein Körnchen fehlte darin. Der Ameisenkönig war mit seinen tausend und
145 tausend Ameisen in der Nacht angekommen, und die dankbaren Tiere hatten den Hirsen mit großer Emsigkeit gelesen und in die Säcke gesammelt. Die Kö-

nigstochter kam selbst in den Garten herab und sah mit Verwunderung, dass der Jüngling vollbracht hat-
150 te, was ihm aufgegeben war. Aber sie konnte ihr stolzes Herz noch nicht bezwingen und sprach: „Hat er auch die beiden Aufgaben gelöst, so soll er doch nicht eher mein Gemahl werden, bis er mir einen Apfel vom Baume des Lebens gebracht hat." Der Jüng-
155 ling wusste nicht, wo der Baum des Lebens stand, er machte sich auf und wollte immer zugehen, solange ihn seine Beine trügen, aber er hatte keine Hoffnung, ihn zu finden. Als er schon durch drei Königreiche gewandert war und abends in einen Wald kam, setzte
160 er sich unter einen Baum und wollte schlafen; da hörte er in den Ästen ein Geräusch, und ein goldener Apfel fiel in seine Hand. Zugleich flogen drei Raben zu ihm herab, setzten sich auf seine Knie und sagten: „Wir sind die drei jungen Raben, die du vom Hunger-
165 tod errettet hast; als wir groß geworden waren und hörten, dass du den goldenen Apfel suchtest, so sind wir über das Meer geflogen bis ans Ende der Welt, wo der Baum des Lebens steht, und haben dir den Apfel geholt." Voll Freude machte sich der Jüngling
170 auf den Heimweg und brachte der schönen Königstochter den goldenen Apfel, der nun keine Ausrede mehr übrig blieb. Sie teilten den Apfel des Lebens und aßen ihn zusammen: da ward ihr Herz mit Liebe zu ihm erfüllt, und sie erreichten in ungestörtem Glück ein hohes Alter.
175

Grimm, Jacob und Wilhelm: Die weiße Schlange. In: Brüder Grimm: Kinder- und Hausmärchen. Ausgabe letzter Hand mit den Originalanmerkungen der Brüder Grimm. Band 1. Märchen Nr. 1–86. Stuttgart: Reclam 1993. S. 112–117.

Die kluge Gretel
Brüder Grimm

KV 13 ▶   KOMPETENZTEST ▶   S. 86

Es war eine Köchin, die hieß Gretel, die trug Schuhe mit roten Absätzen, und wenn sie damit ausging, so drehte sie sich hin und her, war ganz fröhlich und dachte: ‚Du bist doch ein schönes Mädel.' Und wenn
5 sie nach Haus kam, so trank sie aus Fröhlichkeit einen Schluck Wein, und weil der Wein auch Lust zum Essen macht, so versuchte sie das Beste, was sie kochte, so lang, bis sie satt war, und sprach: „Die Köchin muss wissen, wie's Essen schmeckt."
10 Da sagte der Herr einmal zu ihr: „Gretel, heut Abend kommt ein Gast, richte mir zwei Hühner fein wohl zu." „Will's schon machen Herr", antwortete Gretel. Nun stach sie die Hühner ab, brühte sie, rupfte sie,

steckte sie an den Spieß und brachte sie zum Feuer, damit sie braten sollten. Die Hühner fingen an, braun 15 und gar zu werden, aber der Gast war noch nicht gekommen. Da rief Gretel dem Herrn: „Kommt der Gast nicht, so muss ich die Hühner vom Feuer tun, ist aber jammerschade, wenn sie nicht bald gegessen werden, wo sie am besten im Saft sind." Sprach der Herr: „So 20 will ich nur selbst laufen und den Gast holen." Als der Herr den Rücken gekehrt hatte, legte Gretel den Spieß mit den Hühnern beiseite und dachte: ‚Solange da beim Feuer stehen, macht schwitzen und durstig, wer weiß, wann die kommen! Derweil spring' ich in 25 den Keller und tue einen Schluck.' Lief hinab und

sprach: „Gott gesegne's dir, Gretel", und tat einen guten Zug. „Der Wein hängt aneinander", weiter, „und ist nicht gut abbrechen", und tat noch einen ernst-
30 haften Zug. Nun ging es und stellte die Hühner wieder übers Feuer. Weil aber der Braten so gut roch, dachte Gretel: ‚Es könnte etwas fehlen, versucht muss er werden', schleckte mit dem Finger und sprach: „Ei, was sind die Hühner so gut! Ist ja Sünd'
35 und Schand', dass man sie nicht gleich isst!" Lief zum Fenster, ob der Herr mit dem Gast noch nicht käm', aber sie sah niemand; stellte sich wieder zu den Hühnern, dachte: ‚Der eine Flügel verbrennt, besser ist's, ich ess' ihn weg.' Also schnitt sie ihn ab und aß ihn
40 auf, und er schmeckte ihr; und wie sie damit fertig war, dachte sie: ‚Der andere muss auch herab, sonst merkt der Herr, dass etwas fehlt.' Wie die zwei Flügel verzehrt waren, ging sie wieder und schaute nach dem Herrn und sah ihn nicht. ‚Wer weiß', fiel ihr ein,
45 ‚sie kommen wohl gar nicht und sind wo eingekehrt.' Da sprach sie: „Hei, Gretel, sei guter Dinge, das eine ist doch angegriffen, tu noch einen frischen Trunk und iss es vollends auf, wenn's all ist, hast du Ruhe, warum soll die gute Gottesgabe umkommen?" Also
50 lief sie noch einmal in den Keller, tat einen ehrbaren Trunk und aß das eine Huhn in aller Freudigkeit auf. Wie das eine Huhn hinunter war und der Herr noch immer nicht kam, sah Gretel das andere an und sprach: „Wo das eine ist, muss das andere auch sein,
55 die zwei gehören zusammen; was dem einen recht ist, das ist dem andern billig; ich glaube, wenn ich noch einen Trunk tue, so sollte mir's nicht schaden." Also tat sie noch einen herzhaften Trunk und ließ das zweite Huhn wieder zum andern laufen. Wie sie so
60 im besten Essen war, kam der Herr dahergegangen und rief: „Eil dich, Gretel, der Gast kommt gleich nach."

„Ja, Herr, will's schon zurichten", antwortete Gretel. Der Herr sah indessen, ob der Tisch wohl gedeckt war, nahm das große Messer, womit er die Hühner 65 zerschneiden wollte, und wetzte es auf dem Gang. Indem kam der Gast, klopfte höflich an der Haustür. Gretel lief und schaute, wer da war, und als sie den Gast sah, hielt sie den Finger an den Mund und sprach: „Still! Still! Macht geschwind, dass Ihr wieder 70 fort kommt, wenn Euch mein Herr erwischt, so seid Ihr unglücklich; er hat Euch zwar zum Nachtessen eingeladen, aber er hat nichts anders im Sinn, als Euch die beiden Ohren abzuschneiden. Hört nur, wie er das Messer dazu wetzt." Der Gast hörte das Wet- 75 zen und eilte, was er konnte, die Stiegen wieder hinab. Gretel war nicht faul, lief schreiend zu dem Herrn und rief: „Da habt Ihr einen schönen Gast eingeladen!"

„Ei, warum, Gretel? Was meinst du damit?" 80

„Ja", sagte sie, der hat mir beide Hühner, die ich eben auftragen wollte, von der Schüssel genommen und ist damit fortgelaufen."

„Das ist eine feine Weise!", sprach der Herr, und ward ihm leid um die schönen Hühner, „wenn er mir dann 85 wenigstens das eine gelassen hätte, damit mir was zu essen geblieben wäre." Er rief ihm nach, er sollte bleiben, aber der Gast tat, als hörte er es nicht. Da lief er hinter ihm her, das Messer noch immer in der Hand, und schrie: „Nur eins! Nur eins!", und meinte, 90 der Gast sollte ihm nur ein Huhn lassen und nicht alle beide nehmen; der Gast aber meinte nicht anders, als er sollte eins von seinen Ohren hergeben, und lief, als wenn Feuer unter ihm brennen würde, damit er sie beide heimbrächte. 95

Grimm, Jacob und Wilhelm: Die kluge Gretel. Zitiert nach: http://guten-berg.spiegel.de (Letzter Zugriff am: 20.05.2013)

....

Der eiserne Kasten

Ulrich Jahn

Es war einmal ein armer Bauer, der fuhr eines Morgens, früh, ehe die Sonne aufging, in den Wald, um Holz zu schlagen. Da traf er unter einer Eiche ein steinaltes Mütterchen, das stand vor einem großen,
5 eisernen Kasten und sprach zu ihm: „Du kannst mich erlösen und dich glücklich machen! Hier, dieser eiserne Kasten ist bis oben an mit harten Talern gefüllt.

Nimm ihn mit dir nach Hause; sag aber keinem Menschen ein Sterbenswörtchen davon, es würde dein Unglück sein." Die Worte gefielen dem Bauern von 10 Herzen wohl, und das alte Mütterchen war noch so freundlich, mit anzufassen, dass er die Kiste auf den Wagen bekam. Dann bedankte er sich schön und fuhr wieder nach Hause zurück.

KV 14 ▶

KOMPETENZTEST ▶

S. 88

15 „Mutter", sagte er, als der Wagen vor der Türe hielt, „ich soll's zwar niemand sagen, aber du bist meine liebe Frau; für dich gilt das Versprechen nicht." „Da hast du auch Recht, Vater", erwiderte die Bäuerin neugierig, „ich bin verschwiegen wie das Grab. Was

20 ist's denn? Warum kommst du so früh aus dem Walde zurück?" „Ja das ist's eben!", antwortete der Bauer. „Ich habe unter einer Eiche einen großen Kasten voll Geld gefunden. Nun hat all unsre Not ein Ende. – Aber halt reinen Mund. Und jetzt besorg uns etwas

25 Gutes zu essen, ich habe seit acht Tagen kein Fleisch mehr gesehen."

Sie hoben darauf den Kasten vom Wagen und trugen ihn in den Keller; dann nahm die Bäuerin einen Taler aus der eisernen Kiste, kaufte Fleisch ein und briet

30 am Herde, dass es eine Freude war. Die Nachbarin roch jedoch kaum den lieblichen Geruch, als sie herbei gelaufen kam und schnüffelte und sagte: „Guten Tag, Gevatterin, was hat sie denn in der Pfanne?" „Ach, Nawersch", erwiderte die Frau, „ich darf es

35 zwar keinem sagen, aber sie ist ja verschwiegen. Mein Mann hat im Walde, als er Holzhauen fuhr, unter einer Eiche einen großen, eisernen Kasten voll Geld gefunden." „Ei, das ist ja schön", antwortete die Gevatterin, „und du bist an die Rechte gekommen,

40 ich sag's niemand nach!" Dann lief sie wieder in ihr Haus zurück.

Es dauerte gar nicht lange, so kam ihres Bruders Frau vom Hofe nebenan zu Besuch. „Schwägerin, weißt du schon, was geschehen ist?", rief sie ihr entgegen.

45 „Du musst aber auch reinen Mund halten!" „Als ob ich ein Plappermaul wäre!" „Na, das weiß ich ja, und darum sag' ich dir's eben. Der Nachbarin von drüben Mann, der kleine Bauer, hat im Walde beim Holzhacken unter einer Eiche eine große Kiste mit Geld ge-

50 funden."

Die Schwägerin hielt auch reinen Mund und trug die Sache zu des Küsters Frau; und ehe die Sonne untergegangen war, kam die Sache vor den Amtmann. Der ließ den Bauer vor sich rufen und sprach: „Ich weiß

55 alles! Du hast einen Kasten Geld gestohlen, der steht unten in deinem Keller. Heraus mit dem Gelde!"
„Nein, gnädiger Herr", antwortete der Bauer, „das ist die Wahrheit nicht. Ich bin so arm, wie eine Kirchenmaus, aber ein ehrlicher Kerl, und habe nichts ge-

60 stohlen." „Das wird sich finden, alter Freund", versetzte der Amtmann, „deine Frau hat es selbst gesagt." „Ach, gnädiger Herr, meine Frau ist verrückt." „Geh' er nur! Über vierzehn Tagen ist Ge-

richtssitzung, da wollen wir sehen, ob seine Frau verrückt ist."

65 Dem Bauer war gar nicht wohl, als er vom Edelgut ging, und er dachte an die Worte, welche das steinalte Mütterchen unter der Eiche zu ihm gesprochen hatte. Aber er verlor den Mut nicht, machte, dass er

70 nach Hause kam, und nahm aus der Kiste eine gute Handvoll Taler heraus; dann spannte er an, stieg auf den Wagen und fuhr in die Stadt. Dort kaufte er von den Bäckern alle Kringeln auf, die sie vorrätig hatten, sodass er wohl einen halben Wispel[1] davon auf den

75 Wagen zu laden hatte. Damit fuhr er nach Hause zurück und streute die Kringeln auf dem Hofe aus, derweil seine Frau in der Küche stand und etwas Gutes in der Pfanne hatte. Ein paar Metzen[2] warf er auf das Dach, und auch vor das Tor legte er einige Stücke.

80 Dann lief er in die Küche und rief: „Frau, du bist doch wie die andern alle! Kaum haben wir ein bisschen Geld in der Tasche, so wirtschaftest du ins Blaue hinein und lässt unsern Herrgott draußen Kringeln regnen und bückst dich nicht einmal darnach, sie aufzu-

85 heben!"
„Mann, bist du nicht klug?", gab ihm die Bäuerin zurück. „Kringeln hat's geregnet?" „Gewiss doch, sieh selbst nach", erwiderte der Mann. Da schaute die Bauersfrau zum Fenster hinaus, und als sie die vielen

90 tausend Kringeln auf dem Hof erblickte, war sie aller Freuden voll, lief hinaus und sammelte ein paar Stunden lang und füllte drei große Fleischtonnen voll.

Den andern Tag sagte der Bauer: „Höre, Frau, als ich

95 neulich in der Stadt war, hab' ich erfahren, unser König habe sich neue Soldaten verschrieben mit langen, spitzen, eisernen Schnäbeln. Damit picken sie vornehmlich auf die Frauensleute und stechen sie tot. Heute sollen sie durch unser Dorf kommen. Ich wer-

100 de das große Waschfass über dich stülpen, dann finden sie dich nicht. Mich sollen sie auch nicht bekommen, ich verstecke mich auf dem Boden."
Da setzte sich die Bäuerin in großer Angst nieder, und der Bauer stülpte das Waschfass über sie. Dann

105 ging er in den Hühnerstall, fing alle Hühner und trug sie auf den Flur, streute Gerste aus, um das Waschfass herum und oben darauf, und: Pick, pick, pick! fraßen die Hühner die Gerste auf, bis kein Körnchen

---

[1] altes Hohlmaß
[2] altes Hohlmaß

mehr zu finden war. Darnach liefen sie auf den Hof
110 zurück, der Bauer aber deckte das Fass wieder auf
und sprach zu seiner Frau: „Mutter, jetzt sind sie aus
dem Dorfe heraus!" „Ach, Vater, was habe ich Angst
ausgestanden!", sprach die Bäuerin. „Hu, wie sie
pochten: Pick, pick, pick! mit ihren langen, eisernen
115 Schnäbeln! Aber ich habe nicht gemuckst, und sie
haben mich nicht gefunden." „Gott sei Dank, auch
mich haben sie nicht entdeckt!", sagte der Bauer, und
damit war die Sache abgemacht.
Als nun die vierzehn Tage vergangen waren, wurde
120 der Bauer mit seiner Frau vor Gericht geladen. Der
Bauer leugnete alles rund ab. Als die Herren aber seiner Frau hart zusetzten, verschwur sie sich hoch und
teuer, es sei so gewesen, wie sie ihrer Nachbarin erzählt habe. „Glaubt dem Weibe nicht, ihr Herren",
125 rief der Bauer, „sie hat's im Kopfe! – Wann ist's denn
gewesen, Mutter, dass ich die Kiste nach Hause
brachte?" „Besinn dich doch, Vater", antwortete die
Frau, „den Tag vorher, als unser Herrgott Kringeln
regnen ließ!"

Die Gerichtsherren schüttelten mit den Köpfen, und 130
der Bauer sagte: „Hab ich nicht recht? Sie ist verrückt!"
„Ich soll verrückt sein?", fuhr die Bäuerin eifrig fort.
„Besinn dich doch, Vater, es war zwei Tage vorher, als
unsers Königs neue Soldaten mit den langen, spitzen, 135
eisernen Schnäbeln durch das Dorf zogen und in unsern Hof kamen und: Pick, pick, pick! an das Waschfass schlugen, das du über mich gestürzt hattest!"
„Bauer, er hat recht", sagten die Herren, „seine Frau
ist nicht bei Sinnen. Geh' er mit ihr nach Hause, und 140
trage er gut Sorge, dass sie kein Unheil anrichtet."
Da war der Bauer aus allen Nöten und zog mit seinem
Weibe in das Dorf zurück. Dort gab er ihr den Kreuzdornstock zu schmecken, und das bekam ihr so gut,
dass sie niemals wieder etwas ausgeplaudert hat. Sie 145
kauften nach und nach von dem Gelde im eisernen
Kasten ein Stück Land nach dem andern zu dem Hofe hinzu und wurden endlich steinreiche Leute; und
wenn sie nicht gestorben sind, so leben sie heute
noch.   150

Jahn, Ulrich: Der eiserne Kasten. Zitiert nach: http://de.wikisource.org/
wiki/Der_eiserne_Kasten (Letzter Zugriff am 19.05.2013)

Robinson Crusoe
Daniel Defoe

 KV 15    KOMPETENZTEST S. 89

Noch an dem Tage, an dem ich an Bord gegangen,
lichteten wir die Anker. Wir hielten uns zunächst
nordwärts an der brasilianischen Küste entlang, um
dann vom 10. oder 12. Grad nördlicher Breite aus hi-
5 nüber nach Afrika zu steuern […] Nach zwölftägiger
Fahrt passierten wir die Linie und hatten gerade,
nach unserer Berechnung, 7°22' nördlicher Breite erreicht, als ein heftiger Orkan uns gänzlich desorien-
tierte. Er erhob sich von Südost, drehte sich dann
10 nach Nordwest und blieb hierauf in Nordost stehen.
Von dort blies er in so furchtbarer Weise zwölf Tage
hindurch, dass wir weiter nichts tun konnten, als uns
von der Wut der Windsbraut forttreiben lassen. Ich
brauche kaum zu sagen, dass ich während dieser
15 ganzen Zeit jeden Tag meinen Untergang erwartete,
und dass niemand im Schiffe hoffte, mit dem Leben
davon zu kommen. […]
In dieser traurigen Lage, während der Wind noch
sehr heftig ging, erscholl eines Morgens von einem
20 unserer Leute der Ruf „Land!" – Kaum aber waren
wir aufs Deck geeilt, um zu schauen, wo wir uns be-

fänden, so saß auch schon unser Schiff auf einer
Sandbank. Sobald es fest lag, wurde es von den Wogen dergestalt überflutet, dass wir uns sämtlich verloren glaubten und uns so rasch als möglich in die 25
Kajüten zurückzogen, um vor den schäumenden
Wellen Schutz zu suchen.
Niemand, der nicht Ähnliches durchgemacht hat,
kann sich die menschliche Ratlosigkeit in solcher Lage vorstellen. Wir wussten nicht, wo wir uns befan- 30
den, ob das Land, an das wir getrieben waren, eine
Insel oder ein Teil des Festlandes, ob es bewohnt sei
oder nicht. Auch mussten wir, da der Wind zwar ein
wenig gemäßigt, aber immer noch sehr heftig war,
jeden Augenblick fürchten, das Schiff werde in 35
Trümmern gehen, wenn nicht wie durch eine Art
Wunder der Wind plötzlich umschlage. Wir schauten
einer den andern in Todeserwartung an, und jeder
von uns machte sich zum Eintritt in eine andere Welt
bereit. Ganz gegen unser Erwarten jedoch zerbarst 40
das Schiff nicht, und, wie der Kapitän versicherte,
begann der Wind sich plötzlich zu legen.

Trotzdem aber, da wir auf dem Strande saßen und keine Hoffnung hatten, das Schiff flott zu machen, 45 blieb uns in unserer traurigen Lage nichts übrig, als darauf zu denken, wie wir das nackte Leben retten könnten. Vor dem Sturm hatten wir am Stern unseres Schiffes ein Boot gehabt, das aber während des Unwetters ans Steuerruder geschleudert, dann losge- 50 worden und entweder versunken oder fortgetrieben war. Wir hatten zwar noch ein anderes Boot an Bord, aber es schien unmöglich, dasselbe in See zu bringen. Zu langem Besinnen jedoch fehlte die Zeit, da wir jede Minute das Schiff in Stücken zu sehen meinten, 55 und einige riefen, es sei bereits geborsten.

Trotz dieser schlimmen Lage gelang es dem Steuermann, mit Hilfe der übrigen Mannschaft jenes Boot über Bord zu lassen. Wir sprangen alle, elf an der Zahl, hinein, uns der Barmherzigkeit Gottes und dem 60 wilden Meere gänzlich überlassend. [...]

Wir sahen klar voraus, dass das Boot sich in den hohen Wellen nicht halten könne, sondern untergehen müsse. Segel hatten wir nicht, hätten auch nichts damit anfangen können. Daher arbeiteten wir uns mit 65 den Rudern nach dem Lande hin, aber schweren Herzens, wie Leute, an denen ein Todesurteil vollzogen werden soll. Denn es war uns bewusst, dass das Boot, näher zur Küste gelangt, von der Brandung in tausend Stücke zerschmettert werden müsse. Gleich- 70 wohl, indem wir unsere Seelen Gott befahlen, ruderten wir mit allen Kräften nach dem Land hin, mit eigenen Händen unserem Verderben entgegen.

Ob die Küste aus Fels oder Sand bestehe, ob sie flach oder steil sei, wussten wir nicht. Der einzige Hoff- 75 nungsschimmer, der uns noch geblieben, bestand in der Aussicht, dass wir vielleicht das Boot in irgendeine Bucht oder Flussmündung einlaufen lassen oder uns unter einem Vorsprung der Küste bis zum Eintritt der Ebbe bergen könnten. Von diesen Dingen 80 ließ sich aber nichts sehen, vielmehr bot das Land, als wir dem Ufer näher kamen, einen noch schrecklicheren Anblick als das Meer selbst.

Wir waren nach unserer Berechnung ungefähr anderthalb Meilen gerudert oder vielmehr vom Wasser 85 getrieben, als eine berghohe wütende Welle gerade auf uns gerollt kam und uns den Gnadenstoß erwarten ließ. Sie traf das Boot mit solcher Gewalt, dass sie es alsbald umwarf und uns nicht nur aus demselben schleuderte, sondern auch von einander trennte. Ehe 90 wir nur ein Stoßgebet hatten tun können, waren wir sämtlich von den Wogen verschlungen.

Die Verwirrung meiner Gedanken beim Untersinken ins Wasser ist unbeschreiblich. Obwohl ich sehr gut schwamm, hatte mich die Welle, noch ehe ich Atem zu schöpfen vermochte, eine ungeheure Strecke nach 95 der Küste hingetragen, und als sie dann erschöpft zurückkehrte, sah ich mich halbtot in Folge des verschluckten Wassers auf dem fast trockenen Lande zurückgeblieben.

Ich besaß noch so viel Geistesgegenwart, dass ich, da 100 ich mich unerwartet so nahe dem Festland sah, mich aufrichtete und versuchte, so weit als möglich nach dem Ufer hin zu gelangen, ehe eine andere Welle kommen und mich mitnehmen würde. Dieser Versuch misslang jedoch. Eine Woge wie ein großer Hü- 105 gel, gleich einem wütenden Feinde, mit dem zu kämpfen ich mir nicht einfallen lassen konnte, stürzte hinter mir her. Es blieb mir nichts übrig, als den Atem einzuhalten und mich, so gut es ging, über dem Wasser zu halten. Dabei war mein Hauptaugenmerk 110 darauf gerichtet, dass die See mich nicht, wie sie mich eine gute Strecke landeinwärts getrieben, auch ebenso weit wieder zurücktrage.

Die neue Woge begrub mich sofort wieder zwanzig bis dreißig Fuß in die Tiefe. Ich konnte fühlen, wie 115 sie mich mit großer Gewalt und Schnelligkeit eine geraume Strecke nach der Küste hintrug. Wiederum hielt ich den Atem an und bemühte mich, mit aller Kraft vorwärts zu schwimmen. Fast wäre mir der Atem ausgegangen, als ich plötzlich auftauchte und 120 Hand und Kopf über dem Wasser sah. Obwohl dies nur zwei Sekunden dauerte, reichte es doch aus, mir neue Luft und neuen Mut zu verschaffen. Abermals war ich eine gute Weile mit Wasser bedeckt, dann aber, als sich die Woge erschöpft hatte und zurück- 125 kehrte, fühlte ich Grund unter den Füßen. Ich stand einige Augenblicke still, schöpfte Luft und eilte sofort mit allen Kräften dem Ufer zu. Aber auch diesmal entrann ich nicht der wütenden See, die mich aufs Neue überflutete. Zweimal noch erfassten mich 130 die Wellen und trieben mich, da die Küste sehr flach war, vorwärts wie vorher.

Das letzte dieser beiden Male hätte leicht verhängnisvoll für mich werden können. Das Meer warf mich nämlich dabei gegen ein Felsstück, und zwar mit sol- 135 cher Gewalt, dass ich die Besinnung verlor und ganz hilflos dalag. Der Schlag traf mich in die Seite und gegen die Brust und benahm mir dadurch den Atem, so dass ich, wäre alsbald wieder eine Welle gekommen, ertrunken sein würde. Jedoch kam ich kurz vor 140 der Rückkehr der Wogen wieder zu mir und beschloss diesmal, mich fest an dem Fels zu fassen und wenn möglich den Atem bis zur Rückkehr der Welle einzuhalten. Dies gelang denn auch, da die Wogen nicht

145 mehr so hoch wie vorher gingen. Ein weiterer Lauf brachte mich dann so nahe dem Strand, dass die nächste Welle, obwohl sie mich übergoss, mich nicht mehr fortzutragen vermochte. Abermals rannte ich weiter und diesmal gelangte ich zum festen Lande,

150 wo ich in großer Freude die Anhöhe der Küste erkletterte und mich da frei von Gefahr und außerhalb des Bereichs der See ins Gras niedersetzte.

Jetzt, da ich mich gerettet sah, hob ich meine Augen empor und dankte Gott für das Leben, auf dessen Erhaltung ich vor einigen Minuten noch nicht hatte 155 hoffen können. […]

Mit emporgehobenen Händen, ganz versunken in das Gefühl meiner Errettung, ging ich am Strande auf und ab. Ich dachte an meine ertrunkenen Gefährten und dass ich die einzige gerettete Seele unter allen 160 sei; denn ich sah keinen wieder, habe auch kein Zeichen von ihnen mehr wahrgenommen, außer drei Hüten, einer Mütze und zwei nicht zusammengehörigen Schuhen.

Defoe, Daniel: Robinson Crusoe. Zitiert nach: http://gutenberg.spiegel.
de/buch/747/3 (Letzter Zugriff am 21.05.2013)

Karl May
Winnetou

 KV 16   AUFGABEN ▶ S. 91

[Klekih-petra] rief ein Indianerwort, welches ich nicht verstand, in den Wald zurück, worauf zwei außerordentlich interessante Gestalten erschienen und langsam und würdevoll auf uns zukamen. Es waren

5 Indianer, und zwar Vater und Sohn, wie man gleich auf den ersten Blick erkennen musste.

Der Ältere war von etwas mehr als mittlerer Gestalt, dabei sehr kräftig gebaut; seine Haltung zeigte etwas wirklich Edles, und aus seinen Bewegungen konnte

10 man auf große körperliche Gewandtheit schließen. Sein ernstes Gesicht war ein echt indianisches, doch nicht so scharf und eckig, wie es bei den meisten Roten ist. Sein Auge besaß einen ruhigen, beinahe milden Ausdruck, den Ausdruck einer stillen, inneren

15 Sammlung, die ihn seinen gewöhnlichen Stammesgenossen gegenüber überlegen machen musste. Sein Kopf war unbedeckt; das dunkle Haar hatte er in einen helmartigen Schopf aufgebunden, in welchem eine Adlerfeder, das Zeichen der Häuptlingswürde,

20 steckte. Der Anzug bestand aus Mokassins, ausgefransten Leggins und einem ledernen Jagdrocke, dies alles sehr einfach und dauerhaft gefertigt. Im Gürtel steckte ein Messer, und an demselben hingen mehrere Beutel, in denen alle die Kleinigkeiten steckten,

25 welche einem Westmanne nötig sind. Der Medizinbeutel hing an seinem Halse, daneben die Friedenspfeife mit dem aus heiligem Tone geschnittenen Kopfe. In der Hand hielt er ein doppelläufiges Gewehr, dessen Holzteile dicht mit silbernen Nägeln beschla-

30 gen waren. Dies war das Gewehr, welches sein Sohn

Winnetou später unter dem Namen Silberbüchse zu so großer Berühmtheit bringen sollte.

Der Jüngere war genauso gekleidet wie sein Vater, nur dass sein Anzug zierlicher gefertigt worden war. Seine Mokassins waren mit Stachelschweinsborsten 35 und die Nähte seiner Leggins und des Jagdrockes mit feinen, roten Nähten geschmückt. Auch er trug den Medizinbeutel am Halse und das Kalumet[1] dazu. Seine Bewaffnung bestand wie bei seinem Vater aus einem Messer und einem Doppelgewehre. Auch er trug 40 den Kopf unbedeckt und hatte das Haar zu einem Schopfe aufgewunden, aber ohne es mit einer Feder zu schmücken. Es war so lang, dass es dann noch reich und schwer auf den Rücken niederfiel. Gewiss hätte ihn manche Dame um dieses herrliche, blau- 45 schimmernde Haar beneidet. Sein Gesicht war fast noch edler als dasjenige seines Vaters und die Farbe desselben ein mattes Hellbraun mit einem leisen Bronzehauch. Er stand, wie ich jetzt erriet und später dann erfuhr, mit mir in gleichem Alter und machte 50 gleich heut, wo ich ihn zum ersten Mal erblickte, einen tiefen Eindruck auf mich. Ich fühlte, dass er ein guter Mensch sei und außerordentliche Begabung besitzen müsse. Wir betrachteten einander mit einem langen, forschenden Blicke, und dann glaubte ich, zu 55 bemerken, dass in seinem ernsten, dunklen Auge, welches einen samtartigen Glanz besaß, für einen

---

[1] Friedenspfeife

kurzen Augenblick ein freundliches Licht aufglänzte, wie ein Gruß, den die Sonne durch eine Wolkenöff-
60 nung auf die Erde sendet.

„Das sind meine Freunde und Begleiter", sagte Kle-kih-petra, indem er erst auf den Vater und dann auf den Sohn deutete. „Dieser ist Intschu tschunat, der große Häuptling der Mescaleros, welcher auch von allen übrigen Apachenstämmen als Häuptling aner-
65 kannt wird. Und hier steht sein Sohn Winnetou, wel-

cher trotz seiner Jugend schon mehr kühne Taten verrichtet hat, als sonst zehn alte Krieger in ihrem ganzen Leben ausgeführt haben. Sein Name wird einst genannt und gerühmt werden, soweit die Sa-vannen und die Felsengebirge reichen." 70
Das klang überschwänglich, war aber, wie ich später erfuhr, gar nicht zu viel gesagt.

*May, Karl: Winnetou. Zitiert nach: http://gutenberg.spiegel.de/
buch/2323/4 (Letzter Zugriff am 21.05.2013)*

Die Regentrude
Theodor Storm

KV 17   KOMPETENZTEST   S. 91

Einen so heißen Sommer, wie nun vor hundert Jah-ren, hat es seitdem nicht wieder gegeben. Kein Grün fast war zu sehen; zahmes und wildes Getier lag ver-schmachtet auf den Feldern.
5 Es war an einem Vormittag. Die Dorfstraßen standen leer; was nur konnte, war ins Innerste der Häuser ge-flüchtet; selbst die Dorfkläffer hatten sich verkro-chen. Nur der dicke Wiesenbauer stand breitspurig in der Torfahrt seines stattlichen Hauses und rauchte im
10 Schweiße seines Angesichts aus seinem großen Meerschaumkopfe. Dabei schaute er schmunzelnd einem mächtigen Fuder Heu entgegen, das eben von seinen Knechten auf die Diele gefahren wurde. – Er hatte vor Jahren eine bedeutende Fläche sumpfigen
15 Wiesenlandes um geringen Preis erworben, und die letzten dürren Jahre, welche auf den Feldern seiner Nachbarn das Gras versengten, hatten ihm die Scheu-ern mit duftendem Heu und den Kasten mit blanken Krontalern gefüllt.
20 So stand er auch jetzt und rechnete, was bei den im-mer steigenden Preisen der Überschuss der Ernte für ihn einbringen könne. „Sie kriegen alle nichts", mur-melte er, indem er die Augen mit der Hand beschat-tete und zwischen den Nachbarsgehöften hindurch
25 in die flimmernde Ferne schaute; „es gibt gar keinen Regen mehr in der Welt." Dann ging er an den Wa-gen, der eben abgeladen wurde; er zupfte eine Hand-voll Heu heraus, führte es an seine breite Nase und lächelte so verschmitzt, als wenn er aus dem kräfti-
30 gen Duft noch einige Krontaler mehr herausriechen könne.
In demselben Augenblicke war eine etwa fünfzigjäh-rige Frau ins Haus getreten. Sie sah blass und leidend aus, und bei dem schwarzseidenen Tuche, das sie um
35 den Hals gesteckt trug, trat der bekümmerte Aus-

druck ihres Gesichtes nur noch mehr hervor. „Guten Tag, Nachbar", sagte sie, indem sie dem Wiesenbauer die Hand reichte, „ist das eine Glut; die Haare bren-nen einem auf dem Kopfe!"
„Lass brennen, Mutter Stine, lass brennen", erwider- 40
te er, „seht nur das Fuder Heu an! Mir kann's nicht zu schlimm werden!"
„Ja, ja, Wiesenbauer, Ihr könnt schon lachen; aber was soll aus uns andern werden, wenn das so fort-geht!" 45
Der Bauer drückte mit dem Daumen die Asche in sei-nen Pfeifenkopf und stieß ein paar mächtige Dampf-wolken in die Luft. „Seht Ihr", sagte er, „das kommt von der Überklugheit. Ich hab's ihm immer gesagt; aber Euer Seliger hat's alleweg besser verstehen wol- 50
len. Warum musste er all sein Tiefland vertauschen! Nun sitzt Ihr da mit den hohen Feldern, wo Eure Saat verdorrt und Euer Vieh verschmachtet."
Die Frau seufzte.
Der dicke Mann wurde plötzlich herablassend. „Aber, 55
Mutter Stine", sagte er, „ich merke schon, Ihr seid nicht von ungefähr hierher gekommen; schießt nur immer los, was Ihr auf dem Herzen habt!"
Die Witwe blickte zu Boden. „Ihr wisst wohl", sagte sie, „die fünfzig Taler, die Ihr mir geliehen, ich soll sie 60
auf Johanni zurückzahlen, und der Termin ist vor der Tür."
Der Bauer legte seine fleischige Hand auf ihre Schul-ter. „Nun macht Euch keine Sorge, Frau! Ich brauche das Geld nicht; ich bin nicht der Mann, der aus der 65
Hand in den Mund lebt. Ihr könnt mir Eure Grund-stücke dafür zum Pfande einsetzen; sie sind zwar nicht von den besten, aber mir sollen sie diesmal gut genug sein. Auf den Sonnabend könnt Ihr mit mir zum Gerichtshalter fahren." 70

Die bekümmerte Frau atmete auf. „Es macht zwar wieder Kosten", sagte sie, „aber ich danke Euch doch dafür."

Der Wiesenbauer hatte seine kleinen klugen Augen
75 nicht von ihr gelassen. „Und", fuhr er fort, „weil wir hier einmal beisammen sind, so will ich Euch auch sagen, der Andrees, Euer Junge, geht nach meiner Tochter!"

„Du lieber Gott, Nachbar, die Kinder sind ja mitein-
80 ander aufgewachsen!"

„Das mag sein, Frau; wenn aber der Bursche meint, er könne sich hier in die volle Wirtschaft einfreien, so hat er seine Rechnung ohne mich gemacht!"

Die schwache Frau richtete sich ein wenig auf und
85 sah ihn mit fast zürnenden Augen an. „Was habt Ihr denn an meinem Andrees auszusetzen?", fragte sie.

„Ich an Eurem Andrees, Frau Stine? – Auf der Welt gar nichts! Aber" – und er strich sich mit der Hand über die silbernen Knöpfe seiner roten Weste – „mei-
90 ne Tochter ist eben meine Tochter, und des Wiesen-bauers Tochter kann es besser belaufen."

„Trotzt nicht zu sehr, Wiesenbauer", sagte die Frau milde, „ehe die heißen Jahre kamen –!"

„Aber sie sind gekommen und sind noch immer da,
95 und auch für dies Jahr ist keine Aussicht, dass Ihr eine Ernte in die Scheuer bekommt. Und so geht's mit Eurer Wirtschaft immer weiter rückwärts."

Die Frau war in tiefes Sinnen versunken; sie schien die letzten Worte kaum gehört zu haben. „Ja", sagte
100 sie, „Ihr mögt leider recht behalten, die Regentrude muss eingeschlafen sein; aber – sie kann geweckt werden!"

„Die Regentrude?", wiederholte der Bauer hart. „Glaubt Ihr auch an das Gefasel?"

„Kein Gefasel, Nachbar!", erwiderte sie geheimnis- 105 voll. „Meine Urahne, da sie jung gewesen, hat sie sel-ber einmal aufgeweckt. Sie wusste auch das Sprüch-lein noch und hat es mir öfters vorgesagt; aber ich habe es seither längst vergessen."

Der dicke Mann lachte, dass ihm die silbernen Knöp- 110 fe auf seinem Bauche tanzten. „Nun, Mutter Stine, so setzt Euch hin und besinnt Euch auf Euer Sprüchlein. Ich verlasse mich auf mein Wetterglas, und das steht seit acht Wochen auf beständig Schön!"

„Das Wetterglas ist ein totes Ding, Nachbar; das kann 115 doch nicht das Wetter machen!"

„Und Eure Regentrude ist ein Spukeding, ein Hirnge-spinst, ein Garnichts!"

„Nun, Wiesenbauer", sagte die Frau schüchtern, „Ihr seid einmal einer von den Neugläubigen!" 120

Aber der Mann wurde immer eifriger. „Neu- oder alt-gläubig!", rief er, „geht hin und sucht Eure Regenfrau und sprecht Euer Sprüchlein, wenn Ihr's noch bei-sammenkriegt! Und wenn Ihr binnen heut und vier-undzwanzig Stunden Regen schafft, dann –!" Er hielt 125 inne und paffte ein paar dicke Rauchwolken vor sich hin.

„Was dann, Nachbar?", fragte die Frau.

„Dann – – dann – zum Teufel, ja, dann soll Euer An-drees meine Maren freien!" 130

Storm, Theodor: Die Regentrude. Zitiert nach: http://www.zeno.org/
(Letzter Zugriff am 19.05.2013)

Das Zeichen der Vier

Arthur Conan Doyle

 KV 18    KOMPETENZTEST   S. 93

Durch seinen Scharfsinn und seine unermüdliche Tatkraft erfüllte mich Sherlock Holmes stets von Neuem mit Bewunderung. [...]

Er lehnte sich behaglich in den Lehnstuhl zurück und
5 blies dichte blaue Wollen aus seiner Pfeife. „Die Be-obachtung zeigt mir zum Beispiel, dass Sie heute früh in der Wigmorestraße auf der Post gewesen sind, aber die Schlussfolgerung lässt mich wissen, dass Sie dort ein Telegramm aufgegeben haben."

10 „Richtig! Beides trifft zu", rief ich. „Aber wie in aller Welt haben Sie das herausgebracht? Der Gedanke

kam mir ganz plötzlich, und ich habe keiner Seele et-was davon gesagt."

„Das ist lächerlich einfach", sagte er, vergnügt über mein Erstaunen, „und erklärt sich eigentlich ganz 15 von selbst; es kann jedoch dazu dienen, die Grenzen der Beobachtung und der Schlussfolgerung festzu-stellen. – Die Beobachtung sagt nur, dass ein kleiner Klumpen rötlicher Erde an Ihrer Fußsohle klebt. – Nun wird aber gerade beim Postamt in der Wigmore- 20 straße das Pflaster ausgebessert, und dabei ist die ausgeworfene Erde vor den Eingang zu liegen ge-

kommen. Diese Erde hat eine absonderliche, rötliche Färbung, wie sie, soviel ich weiß, sonst nirgends in
25 der Umgegend vorkommt. Das ist die Beobachtung. Das übrige ist Schlussfolgerung."

„Und wie folgerten Sie das Telegramm?"

„Je nun, ich wusste natürlich, dass Sie keinen Brief geschrieben hatten, da ich den ganzen Morgen Ihnen
30 gegenüber gesessen habe. In Ihrem offenen Pult dort liegt auch noch ein Vorrat von Briefmarken und Postkarten. Wozu könnten Sie also auf die Post gegangen sein, außer um eine Depesche abzugeben? – Räumt man alle andern Faktoren fort, so muss der,
35 welcher übrig bleibt, den wahren Sachverhalt zeigen."

„In diesem Fall trifft das zu", erwiderte ich nach einigem Bedenken. „Die Lösung war allerdings höchst einfach. Ich möchte jedoch Ihre Theorie einmal einer
40 strengeren Probe unterwerfen, wenn Sie das nicht unbescheiden finden?"

„Im Gegenteil", versetzte er [...].

„Ich habe Sie einmal behaupten hören, dass der Mensch den Gegenständen, welche er im täglichen
45 Gebrauch hält, fast ausnahmslos den Stempel seiner Persönlichkeit aufdrückt, so dass ein geübter Beobachter an den Sachen den Charakter ihres Eigentümers zu erkennen vermag. Nun habe ich hier eine Uhr, die mir noch nicht lange gehört. Würden Sie
50 wohl die Güte haben, mir Ihre Meinung über die Eigenschaften und Gewohnheiten des früheren Besitzers zu sagen?"

Ich reichte ihm die Uhr, nicht ohne ein Gefühl innerer Belustigung. Die Aufgabe war nach meinem Be-
55 dünken unlösbar; ich wollte ihm damit nur eine kleine Lehre geben wegen des allzu anmaßenden Tones, den er zuweilen annahm. Er wog die Uhr in der Hand, blickte scharf auf das Zifferblatt, öffnete das Gehäuse und untersuchte das Werk; erst mit bloßen Augen,
60 dann durch ein starkes Vergrößerungsglas. Als er endlich mit entmutigtem Gesicht die Uhr wieder zuschnappte und mir zurückgab, konnte ich mich kaum eines Lächelns enthalten.

„Da gibt's nur wenige Anhaltspunkte", bemerkte er.
65 „Die Uhr ist neuerdings gereinigt, was mich um die besten Merkmale bringt."

„Ganz recht", erwiderte ich. „Sie wurde gereinigt, ehe man sie mir sandte."

Holmes brauchte diesen schwachen Vorwand offen-
70 bar nur, um seine Niederlage zu verdecken. Was für Anhaltspunkte hätte er denn bei einer nicht gerei-

nigten Uhr finden können?

„Die Untersuchung ist zwar unbefriedigend, jedoch nicht ganz erfolglos", fuhr er fort, während er mit glanzlosen Augen träumerisch nach der Stubendecke 75 starrte. „Irre ich mich, wenn ich sage, dass die Uhr Ihrem älteren Bruder gehört hat, der sie von Ihrem Vater erbte?"

„Sie schließen das ohne Zweifel aus dem H. W. auf dem Deckel?" 80

„Ganz recht. Das W. deutet Ihren eigenen Namen an. Das Datum reicht beinahe fünfzig Jahre zurück, und das Monogramm ist so alt wie die Uhr. Sie ist also für die vorige Generation gemacht worden. Wertsachen pflegen auf den ältesten Sohn überzugehen, der auch 85 meistens den Namen seines Vaters trägt. Da Ihr Vater, soviel ich weiß, seit vielen Jahren tot ist, hat Ihr ältester Bruder die Uhr seitdem in Händen gehabt."

„So weit richtig", sagte ich. „Und was wissen Sie sonst noch?" 90

„Er war sehr liederlich in seinen Gewohnheiten – liederlich und nachlässig. Er kam in den Besitz eines schönen Vermögens, brachte jedoch alles durch und lebte in Dürftigkeit. Zuweilen verbesserte sich seine Lage auf kurze Zeit, bis er endlich dem Trunk verfiel. 95 Das ist alles, was ich ersehen kann."

Ich sprang heftig erregt vom Stuhl auf, und ging im Zimmer auf und ab.

„Das ist Ihrer unwürdig, Holmes!", rief ich, um meiner Erbitterung Luft zu machen. „So etwas hätte ich 100 Ihnen nicht zugetraut. Sie haben Erkundigungen eingezogen über die Geschichte meines unglücklichen Bruders und geben jetzt vor, Ihre Kenntnis auf irgendeine abenteuerliche Weise erlangt zu haben. Sie können mir unmöglich zumuten, dass ich glauben 105 soll, Sie hätten dies alles aus der alten Uhr gelesen! Ihr Benehmen ist höchst rücksichtslos und streift, gerade herausgesagt, an Gaukelei."

„Entschuldigen Sie mich, bitte, lieber Watson", erwiderte er freundlich. „Ich habe die Sache nur als ein 110 abstraktes Problem, angesehen und darüber vergessen, dass dieselbe Sie persönlich angeht und Ihnen peinlich sein könnte, Ich versichere Ihnen, ehe Sie mir die Uhr reichten, wusste ich nicht einmal, dass Sie einen Bruder hatten." 115

„Aber wie in aller Welt sind Sie denn zu diesen Tatsachen gekommen, die durchaus richtig sind – in allen Einzelheiten?"

„Wirklich! Nun, das ist zum Teil nichts als Glück. Ich hielt mich an die Wahrscheinlichkeit und erwartete 120

durchaus nicht, es so genau zu treffen."

„Aber Sie haben doch nicht bloß auf gut Glück geraten?"

„Nein, nein: Ich rate nie. Das ist eine widerwärtige
125 Gewohnheit, die jede logische Fähigkeit zerstört. Die
Sache erscheint Ihnen nur sonderbar, weil Sie weder
meinem Gedankengang folgen, noch die kleinen Anzeichen beobachten, die zu großen Schlussfolgerun-
gen führen können. Wie bin ich zum Beispiel zu der
130 Ansicht gelangt, dass Ihr Bruder nachlässig war? –
Betrachten Sie einmal den Deckel der Uhr genau. Sie
werden bemerken, dass er nicht allein unten an zwei
Stellen eingedrückt ist, sondern auch voller Schrammen und Krätzer – eine Folge der Gewohnheit, ande-
135 re harte Gegenstände, wie Münzen oder Schlüssel, in
derselben Tasche zu tragen. Wer aber eine so kostbare Uhr auf solche Weise behandelt, muss ein nachläs-
siger Mensch sein. Um das zu erkennen, bedarf es
keines großen Scharfsinns. Ebensowenig ist es ein
140 weither geholter Schluss, dass der Erbe eines so
wertvollen Gegenstandes auch im Übrigen in ziemlich guter Lage ist."

Ich nickte, um zu zeigen, dass ich seiner Auseinan-
dersetzung folgte.

„Die Pfandverleiher in England pflegen bekanntlich 145
bei versetzten Uhren die Nummer des Pfandzettels
auf der Innenseite des Gehäuses einzukratzen", fuhr
Holmes fort. „Nun sind nicht weniger als vier solcher
Nummern durch mein Glas erkennbar, ein Beweis,
dass Ihr Bruder oft in Verlegenheit war, doch muss er 150
dazwischen in seinen Verhältnissen empor gekommen sein, sonst hätte er das Pfand nicht wieder ein-
lösen können. – Betrachten Sie nun noch den inneren Deckel der Uhr. Sehen Sie die tausend Schrammen
rund um das Schlüsselloch – Spuren, wo der Schlüs- 155
sel ausgeglitten ist? Bei der Uhr eines nüchternen
Mannes kommen solche Kratzer nicht vor; auf der
Uhr eines Trinkers findet man sie regelmäßig. Er zieht
sie nachts auf und hinterlässt diesen Beweis von der
Unsicherheit seiner Hand. Wo ist in alledem ein Ge- 160
heimnis?"

„Es ist so klar wie der Tag", antwortete ich. „Verzeihen Sie, dass ich Ihnen Unrecht tat. Ich hätte mehr
Vertrauen in Ihre wunderbare Begabung setzen sollen."
165

Doyle, Arthur Conan: Das Zeichen der Vier. Zitiert nach: http://gutenberg.
spiegel.de/buch/5971/2 (Letzter Zugriff am 20.05.2013)

Der Floh

Kurt Tucholsky

Im Departement du Gard – ganz richtig, da, wo Nî-
mes liegt und der Pont du Gard: im südlichen Frankreich – da saß in einem Postbüro ein älteres Fräulein
als Beamtin, die hatte eine böse Angewohnheit: Sie
5 machte ein bisschen die Briefe auf und las sie. Das
wusste alle Welt. Aber wie das so in Frankreich geht:
Concierge, Telefon und Post, das sind geheiligte Ins-
titutionen, und daran kann man schon rühren, aber
daran darf man nicht rühren, und so tut es denn auch
10 keiner.

Das Fräulein also las die Briefe und bereitete mit ihren Indiskretionen den Leuten manchen Kummer.

Im Departement wohnte auf einem schönen Schlosse
ein kluger Graf. Grafen sind manchmal klug, in Frank-
15 reich. Und dieser Graf tat eines Tages Folgendes:

Er bestellte sich einen Gerichtsvollzieher auf das
Schloss und schrieb in seiner Gegenwart an einen
Freund:

Lieber Freund!

Da ich weiß, dass das Postfräulein Emilie Dupont 20
dauernd unsre Briefe öffnet und sie liest, weil sie vor
lauter Neugier platzt, so sende ich Dir anliegend, um
ihr einmal das Handwerk zu legen, einen lebendigen
Floh.

Mit vielen schönen Grüßen   Graf Koks 25

Und diesen Brief verschloss er in Gegenwart des Ge-
richtsvollziehers. Er legte aber keinen Floh hinein.
Als der Brief ankam, war einer drin.

Tucholsky, Kurt: Der Floh: In: K. Tucholsky: Gesammelte Werke in 10 Bän-
den. Hrsg v. Mary Gerold Tucholsky u. Fritz J. Raddatz. Band 10: 1932.
Reinbek bei Hamburg: Rowohlt 1975. S. 7.

Pippi geht in die Schule

Astrid Lindgren

 KV 20   KOMPETENZTEST  S. 95

„In vier Monaten ist Weihnachten, und da kriegt ihr Weihnachtsferien. Aber ich, was krieg ich?" Pippis Stimme klang traurig. „Keine Weihnachtsferien, nicht das allerkleinste bisschen Weihnachtsferien",
5 sagte sie klagend. „Das muss anders werden. Morgen gehe ich in die Schule."

Tommy und Annika klatschten vor Begeisterung in die Hände. „Hurra! Dann warten wir um achte vor unserer Tür auf dich."

10 „Nee, nee", sagte Pippi, „so früh kann ich nicht. Und übrigens reite ich zur Schule."

Und das tat sie.

„Hallihallo", grölte Pippi und schwenkte ihren gro-ßen Hut. „Komme ich gerade richtig zur Plutimikati-
15 on?"

Tommy und Annika hatten ihrer Lehrerin erzählt, dass ein neues Mädchen kommen würde, das Pippi Langstrumpf hieß. Und die Lehrerin hatte in der Stadt schon von Pippi reden hören. Und da sie eine
20 sehr liebe und nette Lehrerin war, hatte sie beschlos-sen, alles zu tun, damit es Pippi in der Schule gefiel. Pippi warf sich auf eine leere Bank, ohne dass sie jemand dazu aufgefordert hatte. Aber die Lehrerin kümmerte sich nicht um ihre lässige Art. Sie sagte
25 nur ganz freundlich: „Willkommen in der Schule, kleine Pippi. Ich hoffe, dass es dir gefällt und dass du recht viel lernst."

„Ja, und ich hoffe, dass ich Weihnachtsferien krieg", sagte Pippi. „Deshalb bin ich gekommen. Gerechtig-
30 keit vor allem!"

„Wenn du mir jetzt einmal deinen vollständigen Na-men sagen willst, dann schreibe ich dich in das Klas-senbuch ein."

„Ich heiße Pippilotta Viktualia Rollgardina Pfeffer-
35 minza Efraimstochter Langstrumpf, Tochter von Ka-pitän Efraim Langstrumpf, früher Schrecken der Meere, jetzt Südseekönig. Pippi ist eigentlich nur mein Kosename, denn Papa meinte, Pippilotta wäre zu lang."

40 „Aha", sagte die Lehrerin. „Dann wollen wir dich also auch Pippi nennen. Aber was meinst du, wollen wir jetzt nicht mal sehen, was du weißt? Du bist ja ein großes Mädchen und kannst sicher schon eine ganze Menge. Wir wollen mit Rechnen anfangen. Na, Pippi, kannst du mir sagen, wie viel 7 und 5 ist?"   45

Pippi sah die Lehrerin erstaunt und ärgerlich an. Dann sagte sie: „Ja, wenn du das nicht selbst weißt, denk ja, nicht, dass ich es dir sage."

Alle Kinder starrten Pippi entsetzt an. Und die Leh-rerin erklärte ihr, dass man in der Schule solche Ant-50 worten nicht geben dürfe. Man dürfe die Lehrerin auch nicht mir „Du" anreden, sondern man müsse „Fräulein" und „Sie" sagen.

„Ich bitte sehr um Verzeihung", sagte Pippi reumütig. „Das wusste ich nicht. Ich will es nicht wieder tun."   55

„Nein, das will ich hoffen", sagte die Lehrerin. „Und jetzt will ich dir sagen: 7 und 5 ist 12."

„Sieh mal an", sagte Pippi, „du wusstest es ja. Warum fragst du dann? Ach, ich Schaf, jetzt sag ich schon wieder ‚Du' zu dir. Verzeihung", sagte sie und kniff 60 sich selbst ordentlich ins Ohr.

Die Lehrerin beschloss, darüber hinwegzugehen, und setzte die Prüfung fort.

„Na, Pippi, wie viel, glaubst du, ist 8 und 4?"

„So ungefähr 67", meinte Pippi.   65

„Aber nein", sagte die Lehrerin, „8 und 4 ist 12."

„Nee, meine Liebe, das geht zu weit", sagte Pippi. „Eben erst hast du gesagt, 7 und 5 ist 12. Ordnung muss sein, selbst in der Schule." Übrigens, wenn du so eine kindische Freude an solchen Dummheiten 70 hast, warum setzt du dich nicht allein in eine Ecke und rechnest und lässt uns ins Ruhe, damit wir Fan-gen spielen können? – Aber nein, jetzt sage ich wie-der ‚Du'!", schrie sie entsetzt. „Kannst du mir nur noch dieses letzte Mal verzeihen? Dann will ich ver-75 suchen, in Zukunft besser daran zu denken."

Die Lehrerin sagte, sie wolle das tun. Aber sie glaub-te nicht, dass es Zweck hätte, Pippi mehr Rechnen beizubringen. Sie fragte stattdessen die anderen Kin-der.   80

Lindgren, Astrid: Pippi geht in die Schule. In: A. Lindgren: Pippi Lang-strumpf. Deutsch v. Cäcilie Heinig. Hamburg: Oetinger 2012. S. 43–46.

Eine gemütliche Wohnung

Paul Maar

 KV 21

 KOMPETENZTEST   S. 97

Wenn man heutzutage einen Handwerker bestellt, weil irgendetwas in der Wohnung repariert werden soll, muss man meistens lange herumtelefonieren, bis man einen findet, der Zeit hat zu kommen. Das habe 5 ich gemerkt, als neulich unser Kühlschrank nicht mehr ging. Ich rief bei drei Elektrikern an. Der erste sagte gleich, er habe überhaupt keine Zeit. Der zweite wollte mich überreden, doch lieber gleich einen neuen Kühlschrank zu kaufen. Der dritte versprach, 10 bei uns vorbeizuschauen, wenn er mal in die Gegend käme …

Nach drei Wochen lief der Kühlschrank noch immer nicht. (Nur die Butter fing an zu laufen, denn es war gerade ziemlich heiß.) Deswegen versuchte ich noch 15 einmal mein Glück und rief bei einem vierten an. Er hieß Ludger Knorps und versprach zu meinem Erstaunen, gleich am nächsten Morgen zu kommen.

Am nächsten Morgen, als ich gerade mit meinen Kindern beim Mittagessen saß, klingelte es. Herr Knorps 20 stand draußen. Er war ein ungemein freundlicher Mann. Er stellte seine drei Werkzeugkästen, den Werkzeugkoffer und die vier Werkzeugtaschen in die Küche, setzte sich zu uns an den Mittagstisch und ließ sich den Spinat schmecken. Dann machte er 25 sich an die Arbeit. Ich hatte vorher nicht gewusst, dass so viele Drähte, Kabel, Sicherungen und Widerstände in einem einzigen Kühlschrank stecken. Mir wurde fast schwindelig von den vielen Drähtchen, die er da aus unserem Kühlschrank herauszog, des-30 wegen sagte ich: „Rufen Sie mich halt, wenn Sie fertig sind!", und ging in mein Arbeitszimmer. Gegen Abend, als meine Frau von der Arbeit heimkam, war Herr Knorps endlich fertig. Er führte uns stolz den Kühlschrank vor. Er steckte den Stecker in die Steck-35 dose, und der Kühlschrank fing wieder an zu surren. Meine Frau öffnete gleich die Tür und fasste ins Tiefkühlfach. „Au!", schrie sie und zog ihre Hand schnell zurück. „Schon so kalt?", fragte ich erstaunt. „Nein, so heiß!", rief sie. Ich fasste vorsichtig in den Kühl-40 schrank. Er strahlte eine gewaltige Hitze aus. „Moment, Moment!", sagte Herr Knorps eifrig, schob mich ein wenig zur Seite, kniete sich vor unseren Elektroherd, der neben dem Kühlschrank in der Küche steht, und öffnete die Tür zur Bratröhre. „Habe 45 ich mir sofort gedacht", sagte er triumphierend und zeigte auf die dünne Eisschicht, die sich im Herd gebildet hatte. Vorsichtig streckte ich meine Hand aus:

Die Bratröhre war so kalt, dass ich sie kaum anfassen konnte. „Eine kleine Verwechslung! Ich scheine da zwei Drähte vertauscht zu haben", entschuldigte sich 50 Herr Knorps. „Für heute muss ich leider Schluss machen. Feierabend! Aber morgen werde ich die Sache schnell in Ordnung bringen." Wir zogen den Kühlschrankstecker aus der Steckdose, damit der Kühlschrank nicht zu heiß wurde, und räumten die Butter 55 und die Wurst in den Herd.

Am nächsten Morgen kam Herr Knorps schon gleich nach dem Frühstück und ging sofort an die Arbeit. Als er am Abend fertig war, kühlte unser Kühlschrank wieder und der Elektroherd heizte. Leider war ich 60 immer noch nicht ganz zufrieden. Es zeigte sich nämlich, dass jetzt aus dem Elektroherd laute Musik ertönte, sobald man ihn anstellte. Unser Küchenradio hingegen gab keinen Ton mehr von sich. Im Grunde genommen ist es mir gleich, ob die Musik aus einem 65 Radio, einem Kühlschrank oder einem Elektroherd kommt. Hauptsache, sie ist laut. Aber ich konnte bei unserem Elektroherd keinen anderen Sender einstellen, so sehr ich auch an allen Knöpfen drehte. Und das störte mich. So ließ ich Herrn Knorps am nächs-70 ten Tag noch einmal kommen.

Ich muss ihm wirklich bescheinigen, dass er sich Mühe gab. Er kam im ersten Morgengrauen und arbeitete fast ohne Pause. Am Abend führte er uns dann das Küchenradio vor: Es spielte wieder, und wir bekamen 75 sogar drei Sender herein, die früher noch nie jemand gehört hatte. Aber ein kleiner Fehler war ihm doch wieder unterlaufen.

Er musste wieder irgendein Drähtchen verwechselt haben. Jedenfalls ging jetzt das Licht aus, wenn ich 80 den Telefonhörer abnahm. Und wenn jemand draußen unseren Klingelknopf drückte, fing drinnen unsere Spülmaschine an zu laufen.

Herr Knorps entschuldigte sich und versprach, gleich am nächsten Tag die Sache zu richten. 85

Die Folge war, dass am nächsten Abend nun unser Küchenmixer Musik machte, die Spülmaschine kühlte und Wasser aus der Uhr kam, sobald jemand auf den Fahrstuhlknopf drückte.

Und Herr Knorps musste am nächsten Tag wieder-90 kommen.

Inzwischen haben wir uns an Herrn Knorps gewöhnt. Er kommt ja auch jeden Tag und repariert irgendetwas. Wir sind schon richtig befreundet und verbrin-

95 gen immer häufiger unsere Abende zusammen und spielen Karten oder „Mensch-ärgere-dich-nicht". Ein typischer Abend bei uns zu Hause sieht zurzeit etwa so aus: Nach dem Abendessen, wenn wir das schmutzige Geschirr zum Saubermachen in den Herd
100 geschoben haben, klingelt es dreimal in der Spülmaschine. Das ist Herr Knorps. (Er pflegt immer dreimal zu klingeln.) Wir holen ein kühles Bier aus dem Fahrstuhl, und dann spielen wir Karten, bis der Mixer zwölf Uhr schlägt. Punkt zwölf machen wir Schluss.

Schließlich muss Herr Knorps am nächsten Tag früh 105 aus dem Bett. Herr Knorps steigt in den Kühlschrank und fährt nach unten. Wir stellen dann noch den großen Zeiger der Uhr auf sieben, damit im Treppenhaus das Licht ausgeht, und sitzen meist noch ein wenig beieinander, um der Musik im Staubsauger zu- 110 zuhören. Unsere Wohnung ist vielleicht ein bisschen ungewöhnlich jetzt. Aber wir finden sie sehr, sehr gemütlich.

Maar, Paul: Eine gemütliche Wohnung. Hamburg: Oettinger Verlag 1994.

Bahnhofsgeister
Monika Feth

KV 22   **KOMPETENZTEST** S.98

Sie waren lange auf der Suche gewesen. Nach einem Haus, urig und gemütlich, einer aufgegebenen Mühle vielleicht, einer ehemaligen Schule oder Scheune. Mele gefielen moderne Häuser besser, solche wie die,
5 in denen ihre Freundinnen wohnten. Aber die Eltern hatten schon immer einen Hang zum Besonderen gehabt. Und dann hatte der Vater den kleinen alten Landbahnhof entdeckt, weitab vom Schuss. In einem der Nachbarorte war ein größerer gebaut worden
10 und nun stand das Gebäude zum Verkauf.
Josse war von der Idee, in einem Bahnhof zu wohnen, hellauf begeistert gewesen. Er war ein Zugfreak und das Kursbuch war das einzige Buch, in dem er freiwillig las. Die Seiten waren schon ganz abgegrif-
15 fen.
Mele hatte sich erbittert gewehrt. Sie wollte nicht aufs Land ziehen und vor allem die Schule nicht wechseln. Erst recht nicht für einen ollen Bahnhof. Doch dann hatte sie ihn gesehen und sich auf den
20 ersten Blick, widerstrebend, aber rettungslos, in ihn verliebt. Sie war über die stillgelegten Gleise spaziert. Zwischen den Schwellen wuchsen längst Gras und Kamille, schaukelte sacht wilder Mohn.

Der Kaufvertrag wurde unterschrieben. Trupps von Arbeitern rückten an, um Wände einzureißen und 25 neue hochzuziehen. Mörtelstaub legte sich auf den roten Mohn. Ein halbes Jahr später zog die Familie um.
In der zweiten Nacht im neuen Haus schreckte Mele aus dem Schlaf. Etwas hatte sie aufgeweckt, aber sie 30 wusste nicht, was es gewesen war. Noch ganz benommen taumelte sie hinunter in die Küche, um etwas zu trinken. Sie hatte ihren Lieblingsbecher eben mit Milch gefüllt und den Kühlschrank wieder zugemacht, da hörte sie das Pfeifen eines Zugs. Ihre Na- 35 ckenhärchen richteten sich auf. Der letzte Zug war doch, wie ihnen die Leute aus dem Ort erzählt hatten, vor fünf Jahren an diesem Bahnhof vorbeigefahren …
Mele kniff sich vorsichtig in den Arm. Wahrschein- 40 lich träumte sie. Lag oben in ihrem kuscheligen Bett, zusammengerollt wie eine Katze in der Sonne, und träumte. Es war unmöglich, dass sie hier in der Küche stand und einen Zug hörte …

Feth, Monika: Bahnhofsgeister. Zitiert nach: Ich schenke dir eine Geschich-te. Hrsg. v. Stiftung Lesen u. a. München 1997. S. 47 f.

Die gar traurige Geschichte mit dem Feuerzeug

KV 23    KOMPETENZTEST  S. 100

Die gar traurige Geschichte mit dem Feuerzeug

Paulinchen war allein zu Haus,
Die Eltern waren beide aus.
Als sie nun durch das Zimmer sprang
Mit leichtem Mut und Sing und Sang,
Da sah sie plötzlich vor sich stehn
Ein Feuerzeug, nett anzusehn.
»Ei«, sprach sie, »ei, wie schön und fein!
Das muß ein trefflich Spielzeug sein.
Ich zünde mir ein Hölzchen an,
Wie's oft die Mutter hat getan.«

Und Minz und Maunz, die Katzen,
Erheben ihre Tatzen.
Sie drohen mit den Pfoten:
»Der Vater hat's verboten!
Miau! Mio! Miau! Mio!
Laß stehn! Sonst brennst du lichterloh!«

Paulinchen hört die Katzen nicht!
Das Hölzchen brennt gar hell und licht,
Das flackert lustig, knistert laut,
Grad wie ihr's auf dem Bilde schaut.
Paulinchen aber freut sich sehr
Und sprang im Zimmer hin und her.

Doch Minz und Maunz, die Katzen,
Erheben ihre Tatzen.
Sie drohen mit den Pfoten:
»Die Mutter hat's verboten!
Miau! Mio! Miau! Mio!
Wirf's weg! Sonst brennst du lichterloh!«

Doch, weh! die Flamme faßt das Kleid,
Die Schürze brennt; es leuchtet weit.
Es brennt die Hand, es brennt das Haar,
Es brennt das ganze Kind sogar.

Und Minz und Maunz, die schreien
Gar jämmerlich zu zweien:
»Herbei! Herbei! Wer hilft geschwind?
In Feuer steht das ganze Kind!
Miau! Mio! Miau! Mio!
Zu Hilf! das Kind brennt lichterloh!«

Verbrannt ist alles ganz und gar,
Das arme Kind mit Haut und Haar;
Ein Häuflein Asche blieb allein,
Und beide Schuh, so hübsch und fein.

Und Minz und Maunz, die kleinen,
Die sitzen da und weinen:
»Miau! Mio! Miau! Mio!
Wo sind die armen Eltern? Wo?«
Und ihre Tränen fließen
Wie's Bächlein auf den Wiesen.

———————◦———————

Hoffmann, Heinrich: Die gar traurige Geschichte mit dem Feuerzeug. Zitiert nach: http://gutenberg.spiegel.de/buch/3070/6
(Letzter Zugriff am 18.05.2013)

Die gar traurige Geschichte mit dem Feuerzeug

Heinrich Hoffmann

Text in neuer Rechtschreibung:

Paulinchen war allein zu Haus,
die Eltern waren beide aus.
Als sie nun durch das Zimmer sprang
mit leichtem Mut und Sing Sang,
5 da sah sie plötzlich vor sich stehn
ein Feuerzeug, nett anzusehn.
„Ei", sprach sie, „ei, wie schön und fein!
Das muss ein trefflich Spielzeug sein.
Ich zünde mir ein Hölzchen an,
10 wie's oft die Mutter hat getan."

Und Minz und Maunz, die Katzen,
erheben ihre Tatzen.
Sie drohen mit den Pfoten:
„Der Vater hat's verboten!
15 Miau! Mio! Miau! Mio!
Lass stehn! Sonst brennst du lichterloh!"

Paulinchen hört die Katzen nicht!
Das Hölzchen brennt gar hell und licht,
das flackert lustig, knistert laut,
20 grad wie ihr's auf dem Bilde schaut.
Paulinchen aber freut sich sehr
und sprang im Zimmer hin und her.

Doch Minz und Maunz, die Katzen,
erheben ihre Tatzen.
25 Sie drohen mit den Pfoten:
„Die Mutter hat's verboten!
Miau! Mio! Miau! Mio!
Wirf's weg! Sonst brennst du lichterloh!"

Doch weh! Die Flamme fasst das Kleid,
30 die Schürze brennt, es leuchtet weit.
Es brennt die Hand, es brennt das Haar,
es brennt das ganze Kind sogar.

Und Minz und Maunz, die schreien
gar jämmerlich zu zweien:
35 „Herbei! Herbei! Wer hilft geschwind?
In Feuer steht das ganze Kind!
Miau! Mio! Miau! Mio!
Zu Hilf! Das Kind brennt lichterloh!"

Verbrannt ist alles ganz und gar,
40 das arme Kind mit Haut und Haar;
ein Häuflein Asche bleibt allein
und beide Schuh, so hübsch und fein.

Und Minz und Maunz, die kleinen,
die sitzen da und weinen:
45 „Miau! Mio! Miau! Mio!
Wo sind die armen Eltern? Wo?"
Und ihre Tränen fließen
wie's Bächlein auf den Wiesen.

Das Rabennest
Wilhelm Busch

 KV 24    AUFGABEN S. 101

Bild 1

Bild 2

Bild 3

Bild 4

Bild 5

Bild 6

Bild 7

Bild 8

Bild 9

Bild 10

Busch, Wilhelm: Das Rabennest. Zitiert nach: http://gutenberg.spiegel.
de/buch/4135/1l (eingesehen am 18.05.2013)

Bild 11

Schach dem Vater

e. o. plauen

Aus: e.o. plauen „Vater und Sohn" in Gesamtausgabe Erich Ohser © Südverlag GmbH, Konstanz, 2000.

Donnerlied
Justus Georg Schottelius

 KV 26

 KOMPETENZTEST S.102

Schwefel, Wasser, Feuer und Dampf
Wollen halten einen Kampf.
Dicker Nebel dringt gedickt,
Licht und Luft ist fast erstickt.

5 Drauf die starken Winde bald,
Sausen, brausen mit Gewalt,
Reißen, werfen: Wirbelduft,
Mengen Wasser, Erde, Luft.

Plötzlich blickt der Blitz herein,
10 Macht das Finstre feurig sein;
Schwefelklumpen, Strahlenlicht,
Rauchen und Dampf herein mit bricht.

Drauf der Donner brummt und kracht,
Rasselt, rollet hin mit Macht,
15 Prallet, knallet grausamlich,
Puffet, summsend endigt sich.

Bald das Blitzen wieder kommt
Und der Donner rollend brummt.
Bald hereilt ein Windesbraus
20 Und dem Wetter macht Garaus.

Schottelius, Justus Georg: Donnerlied. Zitiert nach: http://gedichte.xbib.
de/Schottelius_gedicht_Donnerlied.htm (Letzter Zugriff am 21.05.2013)

Das Pferd und die Bremse
Christian Fürchtegott Gellert

 KV 27

 KOMPETENZTEST S.103

Ein Gaul, der Schmuck von weißen Pferden,
Von Schenkeln leicht, schön von Gestalt,
Und, wie ein Mensch, stolz in Gebärden,
Trug seinen Herrn durch einen Wald;
5 Als mitten in dem stolzen Gange
Ihm eine Brems entgegen zog,
Und durstig auf die nasse Stange
An seinem blanken Zaume flog.
Sie leckte von dem heißen Schaume,
10 Der heficht[1] am Gebisse floss;
Geschmeiße! sprach das wilde Ross,
Du scheust dich nicht vor meinem Zaume?
Wo bleibt die Ehrfurcht gegen mich?
Wie? Darfst du wohl ein Pferd erbittern?
15 Ich schüttle nur: so musst du zittern.
Es schüttelte; die Bremse wich.

Allein sie suchte sich zu rächen;
Sie flog ihm nach, um ihn zu stechen,
Und stach den Schimmel in das Maul.
20 Das Pferd erschrack, und blieb vor Schrecken,
In Wurzeln mit dem Eisen stecken,
Und brach ein Bein; hier lag der stolze Gaul.

Auf sich den Hass der Niedern laden,
Dies stürzet oft den größten Mann.
25 Wer dir, als Freund, nicht nützen kann,
Kann allemal, als Feind, dir schaden.

Gellert, Christian Fürchtegott: Das Pferd und die Bremse. Zitiert nach: ht-
tp://de.wikisource.org/wiki/Das_Pferd_und_die_Bremse (Letzter Zugriff
am: 24.05.2013)

[1] wie Hefe (schäumend)

Herbstlied

Johann Gaudenz von Salis-Seewis

 KV 28    AUFGABEN S. 105

Bunt sind schon die Wälder,
Gelb die Stoppelfelder,
Und der Herbst beginnt.
Rote Blätter fallen,
5 Graue Nebel wallen,
Kühler weht der Wind.

Wie die volle Traube,
Aus dem Rebenlaube,
Purpurfarbig strahlt!
10 Am Geländer reifen
Pfirsiche mit Streifen,
Rot und weiß bemalt.

Sieh! Wie hier die Dirne
Emsig Pflaum' und Birne
15 In ihr Körbchen legt!
Dort, mit leichten Schritten,
Jene goldne Quitten
In den Landhof trägt!

Flinke Träger springen,
20 Und die Mädchen singen,
Alles jubelt froh!
Bunte Bänder schweben,
Zwischen hohen Reben,
Auf dem Hut von Stroh!
25 Geige tönt und Flöte
Bei der Abendröte
Und im Mondenglanz;
Junge Winzerinnen
Winken und beginnen
30 Deutschen Ringeltanz.

Salis-Seewis, Johann Gaudenz von: Herbstlied. In: Echtermeyer. Deutsche Gedichte. Von den Anfängen bis zur Gegenwart. Neugestaltet von Benno von Wiese. Düsseldorf: August Bagel Verlag 1956. S. 169 f.

Gefunden

Johann Wolfgang von Goethe

 KV 29    KLASSENARBEITS-VORSCHLAG S. 105

Ich ging im Walde
So vor mich hin,
Und nichts zu suchen,
Das war mein Sinn.

5 Im Schatten sah ich
Ein Blümlein stehn,
Wie Sterne leuchtend,
Wie Äuglein schön.

Ich wollt es brechen,
10 Da sagt es fein:
Soll ich zum Welken
Gebrochen sein?

Ich grub's mit allen
Den Würzlein aus,
15 Zum Garten trug ich's
Am hübschen Haus.

Und pflanzt es wieder
Am stillen Ort;
Nun zweigt es immer
20 Und blüht so fort.

Goethe, Johann Wolfgang von: Gefunden. In: Echtermeyer. Deutsche Gedichte. Von den Anfängen bis zur Gegenwart. Neugestaltet von Benno von Wiese. Düsseldorf: August Bagel Verlag 1956. S. 218 f.

Erlkönig

Johann Wolfgang von Goethe

 KV 30    KOMPETENZTEST  S. 106

Wer reitet so spät durch Nacht und Wind?
Es ist der Vater mit seinem Kind;
Er hat den Knaben wohl im Arm,
Er fasst ihn sicher, er hält ihn warm.

5 „Mein Sohn, was birgst du so bang dein Gesicht?" –
„Siehst, Vater, du den Erlkönig nicht?
Den Erlenkönig mit Kron' und Schweif?" –
„Mein Sohn, es ist ein Nebelstreif." –

„Du liebes Kind, komm, geh mit mir!
10 Gar schöne Spiele spiel ich mit dir;
Manch bunte Blumen sind an dem Strand,
Meine Mutter hat manch gülden Gewand."

„Mein Vater, mein Vater, und hörest du nicht,
Was Erlenkönig mir leise verspricht?" –
15 „Sei ruhig, bleibe ruhig, mein Kind;
In dürren Blättern säuselt der Wind." –

„Willst, feiner Knabe, du mit mir gehn?
Meine Töchter sollen dich warten schön;
Meine Töchter führen den nächtlichen Reihn
20 Und wiegen und tanzen und singen dich ein."

„Mein Vater, mein Vater, und siehst du nicht dort
Erlkönigs Tochter am düstern Ort?" –
„Mein Sohn, mein Sohn, ich seh es genau:
Es scheinen die alten Weiden so grau." –

25 „Ich liebe dich, mich reizt deine schöne Gestalt;
Und bist du nicht willig, so brauch ich Gewalt."
„Mein Vater, mein Vater, jetzt fasst er mich an!
Erlkönig hat mir ein Leids getan!" –

Dem Vater grauset's, er reitet geschwind,
30 Er hält in den Armen das ächzende Kind,
Erreicht den Hof mit Mühe und Not;
In seinen Armen das Kind war tot.

Goethe, Johann Wolfgang von: Erlkönig. In: Das große deutsche Balladenbuch. Hrsg. von B. Pinkerneil. Königstein/Ts.: Athenäum 1995. S. 91.

Fink und Frosch

Wilhelm Busch

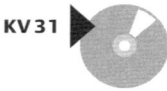 KV 31   KOMPETENZTEST   S. 107

Im Apfelbaume pfeift der Fink
sein „Pinkepink!".
Ein Laubfrosch klettert mühsam nach
bis auf des Baumes Blätterdach
5 und bläht sich auf und quakt: „Ja, ja!
Herr Nachbar, ik bin och noch da!"

Und wie der Vogel frisch und süß
sein Frühlingslied erklingen ließ,
gleich muss der Frosch in rauhen Tönen
10 den Schulterbass dazwischendröhnen.

„Juchheija, heija!", spricht der Fink.
„Fort flieg' ich flink!"
Und schwingt sich in die Lüfte hoch.

„Wat!", ruft der Frosch. „Dat kann ich och!"
15 Macht einen ungeheuren Satz,
fällt auf den harten Gartenplatz,
ist platt, wie man die Kuchen backt,
und hat für immer ausgequakt.

Wenn einer, der mit Mühe kaum
20 geklettert ist auf einen Baum,
schon meint, dass er ein Vogel wär,
so irrt sich der.

Busch, Wilhelm: Fink und Frosch. In: W. Busch: Sämtliche Werke. Hrsg. v. Otto Nöldecke. Band 6. München 1943. S. 291 f.

Der Mops

Ludwig Heinrich von Nikolay

 KV 32   KOMPETENZTEST S. 109

Es war einmal ein dicker, fetter Mops.
Der ging, wie Möpse gehn, auf allen vieren
Beim hellen Mondenschein spazieren.
Da kam ein Graben in die Quer und hops!
5 Sprang auch der dicke, fette Mops –
Hinüber, meint ihr? Nein,
Er sprang zu kurz und fiel hinein,
Gestürzt von seiner schweren Masse.
Und als er endlich der Gefahr
10 Des Todes kaum entronnen war,
So stellt er sich recht mitten auf die Gasse
Und fängt euch da ein Schelten an,
Dass man sein eignes Wort nicht hören kann.
Wem sollte aber dieses Schelten
15 Wem meint ihr wohl? Dem Monde gelten,
Und der hat ihm doch nichts getan!
Er schalt ihn aber: Bärenhäuter,
Ochs, Esel, Schlingel und so weiter.
Warum? Mops glaubt', des Mondes sanftes Licht
20 Sei schuld an seinem Fall, und war's doch nicht.

Der Mond, nicht wahr, der schalt doch wieder?
O nein, sah lächelnd auf den Mops hernieder
Und fuhr, als ging's ihn gar nichts an,
Lustwandelnd fort auf seiner Himmelsbahn,
25 Und wird seitdem, wie jedermann bekannt,
Noch immer Mond, nie Ochs genannt.

Nicolay, Ludwig Heinrich von: Der Mops. Zitiert nach: http://www.ge-dichtsuche.de/ (Letzter Zugriff am 17.4.2013)

Die Stadt

Theodor Storm

 KV 33   KOMPETENZTEST  S. 110

Am grauen Strand, am grauen Meer
Und seitab liegt die Stadt;
Der Nebel drückt die Dächer schwer,
Und durch die Stille braust das Meer
5 Eintönig um die Stadt.

Es rauscht kein Wald, es schlägt im Mai
Kein Vogel ohn' Unterlass;
Die Wandergans mit hartem Schrei
Nur fliegt in Herbstesnacht vorbei,
10 Am Strande weht das Gras.

Doch hängt mein ganzes Herz an dir,
Du graue Stadt am Meer;
Der Jugend Zauber für und für
Ruht lächelnd doch auf dir, auf dir,
15 Du graue Stadt am Meer.

Storm, Theodor: Die Stadt. In: Echtermeyer. Deutsche Gedichte. Von den Anfängen bis zur Gegenwart. Neugestaltet von Benno von Wiese. Düsseldorf: August Bagel Verlag 1956. S. 463 f.

Herr von Ribbeck auf Ribbeck im Havelland

Theodor Fontane

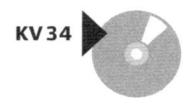 KV 34

 KOMPETENZTEST S.111

Herr von Ribbeck auf Ribbeck im Havelland,
Ein Birnbaum in seinem Garten stand,
Und kam die goldene Herbsteszeit
Und die Birnen leuchteten weit und breit,
5 Da stopfte, wenn's Mittag vom Turme scholl,
Der von Ribbeck sich beide Taschen voll,
Und kam in Pantinen ein Junge daher,
So rief er: „Junge, wist' ne Beer?"
Und kam ein Mädel, so rief er: „Lütt Dirn,
10 Kumm man röwer, ick hebb' ne Birn."

So ging es viel Jahre, bis lobesam
Der von Ribbeck auf Ribbeck zu sterben kam.
Er fühlte sein Ende. 's war Herbsteszeit,
Wieder lachten die Birnen weit und breit;
15 Da sagte von Ribbeck: „Ich scheide nun ab.
Legt mir eine Birne mit ins Grab."
Und drei Tage drauf, aus dem Doppeldachhaus,
Trugen von Ribbeck sie hinaus,
Alle Bauern und Büdner, mit Feiergesicht
20 Sangen „Jesus, meine Zuversicht",
Und die Kinder klagten, das Herze schwer,
„He is dod nu. Wer giwt uns nu 'ne Beer?"

So klagten die Kinder. Das war nicht recht –
Ach, sie kannten den alten Ribbeck schlecht;
25 Der neue freilich, der knausert und spart,
Hält Park und Birnbaum strenge verwahrt,
Aber der alte, vorahnend schon
Und voll Misstraun gegen den eigenen Sohn,
Der wusste genau, was damals er tat,
30 Als um eine Birn' ins Grab er bat,
Und im dritten Jahr aus dem stillen Haus
Ein Birnbaumsprössling sprosst heraus.

Und die Jahre gehen wohl auf und ab,
Längst wölbt sich ein Birnbaum über dem Grab,
35 Und in der goldnen Herbsteszeit
Leuchtet's wieder weit und breit.
Und kommt ein Jung' übern Kirchhof her,
So flüstert's im Baume: „Wiste ne Beer?"
Und kommt ein Mädel, so flüstert's: „Lütt Dirn,
40 Kumm man röwer, ick gew' di 'ne Birn."

So spendet Segen noch immer die Hand
Des von Ribbeck auf Ribbeck im Havelland.

Fontane, Theodor: Herr von Ribbeck auf Ribbeck im Havelland. In: Das große deutsche Balladenbuch. Hrsg. von B. Pinkerneil. Königstein/Ts.: Athenäum 1995. S. 440.

Die Schaukel

Heinrich Seidel

 KV 35

AUFGABEN S.112

Wie schön sich zu wiegen,
Die Luft zu durchfliegen
Am blühenden Baum!
Bald vorwärts vorüber,
5 Bald rückwärts hinüber, –
Es ist wie ein Traum!

Die Ohren, sie brausen,
Die Haare, sie sausen
Und wehen hintan!
10 Ich schwebe und steige
Bis hoch in die Zweige
Des Baumes hinan.

Wie Vögel sich wiegen,
Sich schwingen und fliegen
15 Im luftigen Hauch:
Bald hin und bald wieder,
Hinauf und hernieder,
So fliege ich auch!

Seidel, Heinrich: Die Schaukel. Zitiert nach: http://gedichte.xbib.de/ (Letzter Zugriff am 22.05.2013)

 **Cornelsen** Texte und Bilder für den Deutschunterricht 5/6

Der Werwolf
Christian Morgenstern

 KV 36    AUFGABEN S. 112

Ein Werwolf eines Nachts entwich
von Weib und Kind und sich begab
an eines Dorfschullehrers Grab
und bat ihn: „Bitte, beuge mich!"

5 Der Dorfschulmeister stieg hinauf
auf seines Blechschilds Messingknauf
und sprach zum Wolf, der seine Pfoten
geduldig kreuzte vor dem Toten:

„Der Werwolf" – sprach der gute Mann,
10 „des Weswolfs, Genitiv sodann,
dem Wemwolf, Dativ, wie man's nennt,
den Wenwolf,– damit hat's ein End."

Dem Werwolf schmeichelten die Fälle,
er rollte seine Augenbälle.
15 „Indessen", bat er, „füge doch
zur Einzahl auch die Mehrzahl noch!"

Der Dorfschulmeister aber musste
gestehn, dass er von ihr nichts wusste.
Zwar Wölfe gäb's in großer Schar,
20 doch „Wer" gäb's nur im Singular.

Der Wolf erhob sich tränenblind –
er hatte ja doch Weib und Kind!!
Doch da er kein Gelehrter eben,
so schied er dankend und ergeben.

Morgenstern, Christian: Der Werwolf. Zitiert nach: http://www.textlog. de/17422.html (Letzter Zugriff am 18.03.2013)

Neue Bildungen, der Natur vorgeschlagen
Christian Morgenstern

 KV 37    AUFGABEN S. 113

Der Ochsenspatz
Die Kamelente
Der Regenlöwe
Die Turtelunke
5 Die Schoßeule
Der Walfischvogel
Die Quallenwanze
Der Gürtelstier
Der Pfauenochs
10 Der Werfuchs

Die Tagtigall
Der Sägeschwan
Der Süßwassermops
Der Weinpintscher
15 Das Sturmspiel
Der Eulenwurm
Der Giraffenigel
Das Rhinozepony
Die Gänseschmalzblume
20 Der Menschenbrotbaum.

Morgenstern, Christian: Neue Bildungen, der Natur vorgeschlagen. Zitiert nach: http://de.wikisource.org/wiki/Neue_Bildungen,_der_Natur_vorge- schlagen (Letzter Zugriff am 20.05.2013)

Die Diele knackt

Arno Holz

KV 38

ERARBEITUNGS-
HINWEIS
S.114

Die Diele knackt!
Mir graut
vor meinem Schatten.
Es hat einen dicken Krötenbauch,
5 Geierkrallen,
lange, schlenkernde Affenarme und Schweinsaugen …
Ich leuchte in alle Winkel.
Staub,
abgeblätterter Kalk, tote Fliegen und Spinnweben.
10 Wie ich mich endlich unter das Bett bücke,
die Haare sträuben sich mir, das Licht schlottert,
in eine Ecke geklemmt,
sitzt das Biest da.
Aus seinem Maul,
15 halb zerkaut,
hängt mein Pantoffel.
Entsetzt
stieren wir uns an.
Leise,
20 hin und her,
ringelt sich sein Rattenschwanz.

Holz, Arno: Die Diele knackt. Zitiert nach: http://www.zeno.org/ (Letzter Zugriff am 20.05.2013)

Die Ameisen

Joachim Ringelnatz

KV 39

AUFGABEN
S.114

In Hamburg lebten zwei Ameisen,
Die wollten nach Australien reisen.
Bei Altona auf der Chaussee
Da taten ihnen die Beine weh,
5 Und da verzichteten sie weise
Dann auf den letzten Teil der Reise.

So will man oft und kann doch nicht
Und leistet dann recht gern Verzicht.

Ringelnatz, Joachim: Die Ameisen. In: J. Ringelnatz: Sämtliche Gedichte. Zürich: Diogenes 1997. S. 72.

Feuerwoge jeder Hügel

Georg Britting

Feuerwoge jeder Hügel,
Grünes Feuer jeder Strauch,
Rührt der Wind die Flammenflügel,
Wölkt der Staub wie goldner Rauch.

5 Wie die Gräser züngelnd brennen!
Schreiend kocht die Weizensaat.
Feuerköpfige Blumen rennen
Knisternd übern Wiesenpfad.

 KV 40    KOMPETENZTEST S. 115

Blüten schwelen an den Zweigen.
10 Rüttle dran! Die Funken steigen
Wirbelnd in den blauen Raum
Feuerwerk ein jeder Baum!

Britting, Georg: Feuerwoge jeder Hügel. In: G. Britting: Gesamtausgabe in Einzelbänden. Band 1: Gedichte 1919–1939. München 1957.

Till narrt einen Wirt

 KV 41    ERARBEITUNGS-HINWEISE S. 116

Till auf der Straße.
TILL Oh, habe ich einen Hunger!
(Er nähert sich einem Gasthaus, der Wirt steht vor der Tür.)
5 **TILL** Gott zum Gruße, Herr Wirt!
WIRT Gott zum Gruße, Fremder! Kommt Ihr gewandert?
TILL *(zu Publikum):* Der hat die Weisheit auch nicht mit Löffeln gefressen. Hier versuche ich es,
10 sonst sterbe ich noch vor Hunger. *(Zum Wirt)* Ei ja, Herr Wirt, ich komme geradewegs von Bamberg und könnte etwas Stärkung vertragen.
WIRT Spaziert nur herein! *(Till folgt dem Wirt ins Gasthaus.)*
15 **TILL** Bringt mir doch bitte einen Becher Wein, Herr Wirt!
(Wirt gießt hinter der Theke den Wein ein und stellt den Becher vor Till auf den Tisch.)
WIRT Zum Wohle!
20 **TILL** Vergelt's Gott, Herr Wirt. *(Will trinken, stellt den Becher aber wieder ab.)* Aber sagt mir doch, Herr Wirt, was duftet denn da so herrlich aus Eurer Küche in die Gaststube?
WIRT Meine Frau brät Würste, ganz frisch!

TILL Seid mir bitte nicht böse, aber frische Würste, 25 da kann ich nicht widerstehen. Könntet Ihr mir nicht statt des Weins ein Paar Würste servieren?
WIRT Selbstverständlich! *(Der Wirt nimmt den Wein zurück und verschwindet in der Küche; nach kurzer Zeit kommt er mit den Würsten zurück).* 30 Bitte, Freund, lasst's Euch schmecken!
TILL Danke sehr! *(Till macht sich über die Würste her, die er in kurzer Zeit aufgegessen hat.)*
WIRT Die Würste haben geschmeckt?
TILL Ganz ausgezeichnet. Habt vielen Dank, Herr 35 Wirt! Nun kann ich gestärkt meinen Weg fortsetzen.
WIRT Zuvor aber zahlt mir bitte noch die Würste!
TILL Die Würste bezahle ich Euch nicht, Herr Wirt, denn dafür habt Ihr ja den Becher Wein zurückbe- 40 kommen!
WIRT Aber den Wein habt Ihr doch auch nicht bezahlt!
TILL Den Wein, Herr Wirt, habe ich ja auch nicht getrunken! Ihr seht, alles hat seine Ordnung, und 45 nun: Auf Wiedersehen!
Till geht zügig nach draußen; der verdutzte Wirt schaut ihm sprachlos nach.

Das wohlfeile Mittagessen

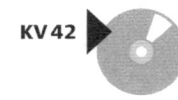 KV 42   AUFGABEN  S. XX

Im Inneren eines einfachen Gasthauses, das mäßig besetzt ist. Ein neuer, gut gekleideter Gast tritt ein.

WIRT *(eilt ihm entgegen):* Herzlich willkommen!

GAST Seid gegrüßt!

5 **WIRT** Hier, setzt euch doch an diesen Tisch hier. Er ist ruhig und hat einen guten Blick nach draußen.

GAST *(indem er sich setzt):* Für mein Geld bringt mir zunächst eine gute Fleischsuppe, Herr Wirt!

WIRT Sehr wohl, sehr gern!

10 **GAST** Und, wenn's recht ist, hätt ich für mein Geld auch ein Stück Rindfleisch mit Gemüse!

WIRT Selbstverständlich, selbstverständlich. Ich werde es gleich meiner Frau sagen. *(Geht in die Küche.)*

15 **GAST** *(Sieht sich um, nickt einzelnen Gästen zu, sieht nach draußen, winkt aus dem Fenster.)*

WIRT *(bringt schon die Suppe):* Hier kommt schon Eure Fleischsuppe. Mit Klößen und Fleischstücken. Lasst es euch schmecken!

20 **GAST** Danke sehr.

WIRT Wünscht Ihr denn zum Essen vielleicht auch ein Schöpplein Wein?

GAST Gerne, wenn ich etwas Gutes haben kann für mein Geld.

25 **WIRT** Aber ja doch. *(Während der Gast die Suppe schlürft, holt der Wirt den Wein.)* Wohl bekomm's!

GAST Danke, ihr seid zu freundlich! *(Trinkt und isst weiter.)*

WIRT *(bringt den Teller mit dem Rindfleisch):* Hat die Suppe geschmeckt, darf ich abräumen?   30

GAST Danke, ja.

WIRT *(stellt den Teller vor den Gast):* Guten Appetit! *(Räumt den Suppenteller ab.)*

Nachdem der GAST gegessen hat, winkt er den WIRT zu sich.   35

WIRT Ich hoffe, es war alles zu Eurer Zufriedenheit.

GAST Ja, Herr Wirt. *(Indem er einen abgeschliffenen Sechser aus der Tasche zieht und auf den Tisch legt):* Und hier ist mein Geld.   40

WIRT Was soll das heißen? Seid Ihr mir nicht einen Taler schuldig?

GAST Ich habe für keinen Taler Speise von Euch verlangt, sondern für mein Geld. Hier ist mein Geld. Mehr hab' ich nicht. Habt Ihr mir zu viel da- 45 für gegeben, so ist's Eure Schuld.

WIRT Ihr seid ein durchtriebener Schalk und hättet wohl etwas anderes verdient. Aber ich schenke Euch das Mittagessen und hier noch ein Vierundzwanzigkreuzerstück dazu. Nur schweigt über die 50 Sache und geht zu meinem Nachbarn, dem Bärenwirt, und macht es mit ihm ebenso.

GAST *(Greift lächelnd nach dem angebotenen Geld):* Danke, Herr Wirt. *(Und indem er zum Ausgang geht)* Aber: Bei Eurem Nachbarn, dem Bärenwirt, 55 bin ich schon gewesen und eben der hat mich zu Euch geschickt und kein anderer. Gehabt euch wohl!

Tom streicht einen Zaun

 KV 43   KOMPETENZTEST  S. 117

Vor einem Lattenzaun. Tom streicht, Pinsel und einen Eimer Farbe neben sich, am Zaun.

TOM Verdammt! Dafür werde ich den ganzen Tag brauchen! Verdammt! Verdammt! *(Er streicht kurz* 5 *weiter, hört dann wieder auf.)* Verdammt! *(Er greift in seine Tasche, sortiert seine Habseligkeiten.)* Zwei Federn, eine Glaskugel, drei Steinkugeln, der Messingring. Nicht schlecht. Aber dafür kann ich mich nicht freikaufen. Nie, dafür ist es zu wenig. *(Er* 10 *streicht weiter.)*

BEN *(Nähert sich, Missouri-Dampfer spielend, langsam Tom, in der Hand einen Apfel.)* Wenden, Steuerbord! Klingelingeling! Tschu! Tsch – tschu – u – tschu! Zurück, Backbord! Klingelingeling! Tschu–tsch–tschu–u–sch! Steuerbord stoppen! 15 Lustig, Jungens! Anker auf – nieder! Klingeling! Tsch–tschuu–tschtu! Los! Maschine stoppen! He, Sie da! Scht–sch–tscht. *(Hat Tom, der weiter streicht, erreicht, beißt kräftig in seinen Apfel.)* Hallo, alter Junge, Strafarbeit, was? 20

TOM *(Macht einen Pinselstrich, den er mit Kennerblick prüft.)* Ach, du bist's, Ben, ich hab' gerade gar nicht aufgepasst!

BEN Hör mal, ich geh schwimmen, willst du vielleicht mit? Aber du arbeitest natürlich lieber, du 25 bleibst natürlich viel lieber da, gell?

TOM *(Sieht Ben erstaunt von oben bis unten an.)* Was nennst du eigentlich arbeiten?

BEN W–was? Ist das keine Arbeit?

30 TOM *(Taucht seinen Pinsel wieder ein.)* Vielleicht – vielleicht auch nicht! Ich weiß nur so viel, dass das dem Tom Sawyer passt.

BEN Na, du willst mir doch nicht weismachen, dass du's zum Vergnügen tust?

35 TOM *(Streicht immer weiter.)* Zum Vergnügen? Na, ich seh' nicht ein, warum nicht. Kann unsereiner denn alle Tag 'nen Zaun anstreichen? *(Tritt zurück, um die Wirkung zu prüfen, bessert hier und da noch etwas nach, prüft wieder, alles ohne sich im*
40 *Geringsten um Ben zu kümmern.)*

BEN Du, Tom, lass mich ein bisschen streichen!

TOM Nein, nein, das würde nicht gehen, Ben, wirklich nicht. Weißt du, Tante Polly nimmt's besonders genau mit diesem Zaun, so dicht bei der Stra-
45 ße, siehst du. Ja, wenn's irgendwo dahinten wär', da liegt nichts dran, – mir nicht und ihr nicht – so aber … Ja, sie nimmt's ganz ungeheuer genau mit diesem Zaun, der muss ganz besonders vorsichtig gestrichen werden, – einer von hundert Jungen
50 vielleicht, oder noch weniger, kann's so machen,

wie's gemacht werden muss.

BEN Nein, wirklich? Na, komm, Tom, lass mich's probieren, nur ein ganz klein bisschen. Ich ließ dich auch dran, Tom, wenn ich an deiner Stelle wäre! 55

TOM Ben, wirklich, ich tät's ja gern, aber Tante Polly – Jim hat's tun wollen und Sid, aber die haben's beide nicht gedurft. Siehst du nicht, wie ich in der Klemme stecke? Wenn du nun anstreichst und 's passiert was und der Zaun ist verdorben, dann … 60

BEN Ach, Unsinn, ich will's schon rechtmachen. Na, gib her, – wart', du kriegst auch den Rest von meinem Apfel; 's ist freilich nur noch der Butzen, aber etwas Fleisch sitzt doch noch drum.

TOM *(Will den Pinsel schon übergeben, zögert dann* 65 *aber doch.)* Nein, Ben, doch nicht, ich hab' Angst, du –

BEN Da hast du noch 'nen ganzen Apfel dazu!

TOM Na, denn los! *(Nimmt den Apfel und übergibt den Pinsel.)* 70

BEN Mensch, Tom, danke!

TOM Schon recht, Ben, tust mir halt auch mal wieder einen Gefallen. *(Beißt herzhaft in den frischen Apfel und grinst.)*

Die verflixte Rechenaufgabe

Otto Waalkes

 KV 44   KOMPETENZTEST S.118

Wir befinden uns im Wohnzimmer der Familie Redlich. Vater Redlich sitzt gemütlich in seinem Fernsehsessel und buchstabiert im milden Schein der Leselampe seine geliebte „Bild"-Zeitung. Mutter Redlich
5 *poliert ihren geliebten Gummibaum. Beider Sohn sitzt über seinen Schulbüchern und macht seine Hausaufgaben. Er versucht es zumindest …*

Sohn: Papa!

Vater *(abwesend):* Ja?

10 **Sohn:** Ich hab' hier 'ne Rechenaufgabe.

Vater: Meinetwegen. Aber komm nicht so spät nach Hause!

Sohn: Ich hab' hier 'ne Rechenaufgabe, die krieg' ich nicht raus!

15 **Vater** *(bei der Sache):* Was? Die kriegst du nicht raus? Zeig mal her.

Sohn: Hier. 28 durch 7.

Vater: 28 durch 7? Und das kriegst du nicht raus? Elke!! Dein Sohn kriegt 28 durch 7 nicht raus!

20 **Mutter:** Dann hilf ihm doch!

Sohn: Was heißt denn 28 durch 7, Papa? Wofür brauch' ich das denn?

Vater: Wofür? Wofür? Alle naslang brauchst du das! Stell dir mal vor, du hast 28 Äpfel, ihr seid sieben Buben und wollt die Äpfel untereinander 25 aufteilen!

Sohn: Wir sind aber nur vier! Der Fips, der Kurt, sein Bruder und ich!

Vater: Dann nehmt ihr eben noch den Erwin, den Gerd und den Henner dazu, dann seid ihr … 30

Sohn: Der Henner ist blöd, der kriegt keinen Apfel.

Vater: Na, dann musst du halt sehen, wen du sonst noch auf der Straße triffst.

Mutter: Der Junge geht mir nicht auf die Straße! Der macht jetzt seine Schulaufgaben! 35

Vater: Jetzt misch dich nicht auch noch ein! Oder weißt du eine bessere Erklärung dafür, wie 28 durch 7 geht?

Mutter: Jedenfalls geht der Junge nicht auf die Straße! 40

Vater: Gut! Er bleibt hier! Wir haben also keine sieben Buben, sondern nur 28 Äpfel und die teilen wir jetzt durch sieben Birnen, das macht …

Mutter: Aber Hermann! Das geht doch gar nicht!

45 **Vater:** Jaja, 's war falsch … Nun macht doch nicht alles so kompliziert! Ihr seid also keine sieben Birnen … äh … Buben … ihr seid sieben … sieben … na! Sieben Zwerge! Jawohl, ihr seid sieben Zwerge.

50 **Sohn:** Und?

Vater: Und die haben zusammen eine 28-Zimmer-Wohnung!

Mutter: Ach Gott, Herrmann, es gibt doch in der ganzen Stadt keine 28-Zimmer-Wohnung!

55 **Vater:** Natürlich nicht! Es gibt ja auch in der ganzen Stadt keine sieben Zwerge, verdammt nochmal! Wenn ich deine unqualifizierten Bemerkungen schon höre!

Mutter: Unqualifiziert! Aha! Und was machen deine sieben Zwerge in ihrer 28-Zimmer-Wohnung?

60

Vater: Wohnen! Was denn sonst? 28 Zimmer durch sieben Zwerge!

Mutter: Soso! Die geh'n da durch. Hintereinander – wie?

65 **Sohn:** Und was macht das Schneewittchen, Papa?

Vater: Die? Sie soll bleiben, wo sie ist, die dumme Nuss!

Mutter: Aber Hermann!

Vater: Ist recht! Ist recht! 28 durch 7! Das muss

70 man teilen. Verstehst du? Wie einen Kuchen! Du hast eine Torte und die teilst du in der Mitte

durch. Und dann ist die geteilt, klar?

Sohn: Ja. Und dann?

Vater: Und bei deiner Aufgabe musst du eben 28 durch 7 teilen, jawohl! 28 Torten. *(laut)* Elke! Ich 75 bin's leid. Kauf jetzt 28 Torten!

Mutter: Für wen denn?

Vater: Für uns sieben!

Mutter: Wir sind aber doch nur drei!

Vater: Dann werden eben noch vier dazu geladen! 80 Die Gierigs. Die alte Raffke! Und der gefräßige Herr Mertens! Kauf die Torten!

Mutter: 28 Torten?! Aber das ist doch viel zu teuer, Hermann!

Vater: Für die Bildung von meinem Sohn ist mir 85 nichts zu teuer! Was der Staat mit seiner verhunzten Bildungspolitik nicht schafft, das muss die Familie eben ausgleichen! Jetzt kaufst du die 28 Torten!

Sohn: Aber das ist doch Wahnsinn! Da muss jeder 90 von uns vier Torten essen!

Vater: Das werden wir ja sehen, ob wir das schaffen! Wenn ich schon dran denk' an das süße Zeug.

Mutter: Ja, dann könnten wir doch …

Vater: Nein! Die Aufgabe wird jetzt gelöst! Kauf die 95 Torten!

Mutter *(im Rausgehen):* … 28 Torten! Vier Torten für jeden! Das schaffen wir doch nie …

Vorhang.

Waalkes, Otto: Die verflixte Rechenaufgabe. In: O. Waalkes: Das zweite Buch OTTO. München: Heyne 1984. S. 36.

Die fünfte Jahreszeit

Kurt Tucholsky

 KV 45   KOMPETENZTEST  S. 119

Wenn der Sommer vorbei ist und die Ernte in die Scheuern gebracht ist, wenn sich die Natur niederlegt wie ein ganz altes Pferd, das sich im Stall hinlegt, so müde ist es – wenn der späte Nachsommer im Ver-
5 klingen ist und der frühe Herbst noch nicht angefangen hat –: Dann ist die fünfte Jahreszeit.

Nun ruht es. Die Natur hält den Atem an; an andern Tagen atmet sie unmerklich aus leise wogender Brust. Nun ist alles vorüber: Geboren ist, gereift ist, ge-
10 wachsen ist, gelaicht ist, geerntet ist – nun ist es vorüber. Nun sind da noch die Blätter und die Gräser und die Sträucher, aber im Augenblick dient das zu gar nichts; wenn überhaupt in der Natur ein Zweck

verborgen ist: Im Augenblick steht das Räderwerk still. Es ruht.
15
Mücken spielen im schwarz-goldenen Licht, im Licht sind wirklich schwarze Töne, tiefes Altgold liegt unter den Buchen, Pflaumenblau auf den Höhen … kein Blatt bewegt sich, es ist ganz still. Blank sind die Farben, der See liegt wie gemalt, es ist ganz still. Boot, 20 das flussab gleitet, Aufgespartes wird dahingegeben – es ruht.

So vier, so acht Tage –

Und dann geht etwas vor.

Eines Morgens riechst du den Herbst. Es ist noch 25 nicht kalt; es ist nicht windig; es hat sich eigentlich

gar nichts geändert – und doch alles. Es geht wie ein
Knack durch die Luft – es ist etwas geschehen; so
lange hat sich der Kubus noch gehalten, er hat ge-
30 schwankt ..., na ... na ..., und nun ist er auf die andere Seite gefallen. Noch ist alles wie gestern: die Blätter, die Bäume, die Sträucher ..., aber nun ist alles
anders. Das Licht ist hell, Spinnenfäden schwimmen
durch die Luft, alles hat sich einen Ruck gegeben,
35 dahin der Zauber, der Bann ist gebrochen – nun geht
es in einen klaren Herbst. Wie viele hast du? Dies ist
einer davon. Das Wunder hat vielleicht vier Tage gedauert oder fünf, und du hast gewünscht, es solle
nie, nie aufhören. Es ist die Zeit, in der ältere Herren
40 sehr sentimental werden – es ist nicht der Johannis-

trieb[1], es ist etwas andres. Es ist: optimistische To-
desahnung, eine fröhliche Erkenntnis des Endes.
Spätsommer, Frühherbst und das, was zwischen ih-
nen beiden liegt. Eine ganz kurze Spanne Zeit im
Jahre.   45
Es ist die fünfte und schönste Jahreszeit.

Tucholsky, Kurt: Die fünfte Jahreszeit. In: K. Tucholsky: Gesammelte Werke
in 10 Bänden. Hrsg v. Mary Gerold Tucholsky u. Fritz J. Raddatz. Band 7:
1929. Reinbek bei Hamburg: Rowohlt 1975. S. 224 f.

[1] zweiter Blattaustrieb einiger Laubbäume um den
24. Juni (Johannistag) herum; im übertragenen
Sinne scherzhafte Bezeichnung für die gesteigerte
Sexualität älterer Menschen

Wenn Berge Feuer speien

Kai Hirschmann / Anna Schäfer

Wenn Berge Feuer spucken und sich glühend heiße
Lava ins Tal wälzt, zeigt die Natur ihre Urgewalt. Die
alten Griechen und Römer glaubten, dass ein Feuer-
gott die Menschheit bestrafen wollte. In Märchen ist
5 von Drachen die Rede, die am Grund des Vulkans sitzen und Feuer spucken. 1 000 Kinder und Jugendli-
che haben in der Kinderuni Mainz erfahren, was
wirklich passiert, wenn ein Vulkan ausbricht.
Schon als Kind war die Geowissenschaftlerin Susan-
10 ne Horn von Vulkanen fasziniert. Die etwa 1 000
Nachwuchsstudenten in der Kinderuni Mainz, die an
diesem Tag ihre Vorlesung besuchen, können die Begeisterung für Feuer speiende Berge gut nachvollzie-
hen. Sie alle kennen die beeindruckenden Bilder aus
15 Naturfilmen und Nachrichtensendungen. Einige Kinder haben sogar selbst schon einmal am Rand eines
Vulkankraters gestanden. Marc erzählt, dass er bei
einer Italienreise am Vesuv war. Julia hat sich den
Ätna in Sizilien angesehen. Beide haben erlebt, wie
20 sich heiße Gase aus dem Inneren der Erde ihren Weg
an die Erdoberfläche suchen.
Während der Ätna auch heute noch zu den aktivsten
Vulkanen der Welt gehört, hat sich der einstmals ge-
fürchtete Vesuv beruhigt. Der letzte große Ausbruch
25 des Vesuv liegt fast 2 000 Jahre zurück. Bei dieser
letzten gewaltigen Eruption im Jahr 63 nach Christus
wurden die Städte Pompeji und Herculaneum mit-
samt ihrer Einwohner vernichtet. Heute leben wieder
sehr viele Menschen am Vesuv und hoffen darauf,

dass der Berg ruhig bleibt. Die Millionenstadt Neapel 30
reicht bis fast an den Berghang heran, obwohl es im
Inneren des Vulkans weiter brodelt. Der Feuerberg
ist noch nicht erloschen.
Um zu erklären, was bei einem Vulkanausbruch vor
sich geht, nimmt Susanne Horn die Kinder zunächst 35
mit auf eine Reise ins Innere der Erde. Sie erklärt,
dass der Boden, auf dem wir laufen, von den Geowis-
senschaftlern Erdkruste genannt wird. Diese Kruste
ist bis zu 40 Kilometer dick. Das klingt gewaltig.
Doch wenn man die Erde mit einem Apfel vergleicht, 40
dann ist die Kruste gerade einmal so dick wie die
Schale.
Unterhalb der Erdoberfläche wird es immer wärmer
– alle 100 Meter steigt das Thermometer um etwa
drei Grad Celsius. 100 Kilometer unter der Erdober- 45
fläche ist es bereits 1 000 Grad heiß. Bei dieser Tem-
peratur schmelzen sogar Steine. Bis 2 900 Kilometer
unter der Erdoberfläche besteht der Erdmantel vor
allem aus flüssigem, bis zu 3 500 Grad heißem Gestein. Dieses wird Magma genannt.   50
Im Inneren unseres Planeten liegt der Erdkern. Bis in
eine Tiefe von 5 100 Kilometern besteht er aus flüssigem Metall. Der innere Erdkern ist über 1 200 Kilometer dick. Dort ist der Druck so stark, dass Eisen
und Nickel trotz der gewaltigen Temperaturen von   55
über 6 700 Grad nicht flüssig werden. Der metalli-
sche Erdkern heizt den Mantel auf. Er hat genug
Energie, um noch viele Millionen Jahre zu glühen.

Bei Vulkanausbrüchen wird das heiße Gestein aus
60 dem Erdmantel durch Risse in der Erdkruste an die
Erdoberfläche gedrückt. Wenn das Magma austritt,
nennt man es Lava.

Susanne Horn erklärt, dass die Erdkruste keine feste,
durchgehende Haut um den heißen Erdmantel ist.
65 Sie besteht aus vielen „tektonischen Kontinental-
platten", die auf dem Magma schwimmen und gegeneinanderstoßen.

An den Stellen, an denen die Platten auseinanderrei-
ßen, ist die Erdkruste dünner. Dort kann das Magma
70 leichter an die Oberfläche durchbrechen. Deshalb
gibt es hier besonders viele Vulkane. Auch dort, wo

zwei Platten gegeneinanderstoßen und die eine unter die andere Platte abtaucht, ist Vulkanismus möglich. Die meisten Vulkane liegen daher an Platten-
grenzen. 75

Es gibt auch Stellen im Erdmantel, die über sehr lange Zeit extrem heiß sind. Diese „heißen Flecken", die
in der englischen Fachsprache „Hot Spots" genannt
werden, können auch inmitten einer Platte Magma
aufschmelzen. Die Vulkane der Hawaii-Inseln liegen 80
über einem solchen heißen Fleck.

*Hirschmann, Kai / Schäfer, Anna: Wenn Berge Feuer speien. Zitiert nach:
http://www.helles-koepfchen.de/artikel/1746.html (Letzter Zugriff am
23.05.2013)*

Die Römer – Großmacht der Antike

Silvia Hähnel

KV 47    KOMPETENZTEST
S.122

Vor über 2 000 Jahren war die Stadt Rom das blü-
hende Zentrum des riesigen Römischen Reiches.
Rom war in vielerlei Hinsicht besonders, zum Beispiel gab es in der Stadt Rom und daraufhin auch im
5 gesamten Römischen Reich bereits viele Dinge, die
für uns heute selbstverständlich sind, für antike Ver-
hältnisse aber extrem fortschrittlich waren.

Das ist ein Grund dafür, warum sich das Römische
Reich so stark ausdehnen konnte: Zum Römischen
10 Reich zu gehören, das bedeutete auch, Teil einer
Hochkultur zu sein, die viele Annehmlichkeiten bot.
Ein Beispiel für die römische Fortschrittlichkeit sind
die Aquädukte.

Darunter versteht man die Wasserleitungen, welche
15 die Städte des Römischen Reiches verbanden. Über
Entfernungen von bis zu hundert Kilometern wurde
damit das Wasser transportiert. Dies geschah hauptsächlich unterirdisch, aber auch über große Brücken.
Viele Städte verfügten darüber hinaus über ein Lei-
20 tungssystem, das Abwasser aus der Stadt transpor-
tierte. Außerdem gab es beeindruckende Paläste,
vermietete Wohnhäuser, Bäder und auch befestigte
Straßen. Normale Bürger konnten öffentliche Latri-
nen aufsuchen, die Häuser der Reichen hatten ihre
25 eigenen Toiletten – sogar mit Wasserspülung. Auch
die Fußbodenheizung ist eine Erfindung der Römer!
Die römische Architektur hat den Städtebau späterer
Zeiten stark beeinflusst. Aber das ist nicht der einzige Einfluss des alten Roms auf die heutige Zeit. Auch
30 das römische Rechtssystem hat sich stark auf die
Rechtsprechung im späteren Europa ausgewirkt.

Heute ist Rom die Hauptstadt Italiens, und die Über-
reste des alten Roms sind an vielen Orten zu finden.
Man kann noch deutlich das Forum Romanum erkennen, das frühere Stadtzentrum, in dem die Be- 35
wohner Roms sowohl einkauften als auch Handel
trieben, ihren Göttern huldigten und Gerichtsver-
handlungen abhielten.

Ein Reich wie das antike Rom hätte nicht so mächtig
und groß werden können ohne sein Militär. Die Sol- 40
daten Roms hießen Legionäre und waren dafür zu-
ständig, das Römische Reich vor Feinden zu schützen
und durch Eroberungen benachbarter Gebiete noch
zu vergrößern. Jeder Legionär war hervorragend
ausgebildet sowie ausgerüstet und legte im Kampf 45
eine besonders hohe Disziplin an den Tag. Die Legionäre waren den meisten ihrer Gegner weit überlegen.
Eine Legion bestand aus ungefähr 3 000 schwer bewaffneten Männern – zu Zeiten von Julius Caesar
gab es sogar etwa 4 800 Legionäre. 50
Dazu kamen noch Hilfstruppen mit ebenso vielen,
aber leichter bewaffneten Soldaten. Die Legionäre
waren zu Fuß unterwegs, trugen jeweils Helm, Schild
und Rüstung und waren mit Speer und Schwert be-
waffnet. Natürlich konnte nicht jeder einfach so Le- 55
gionär werden. Erst einmal kamen nur römische
Männer in Frage, außerdem mussten sie über 1,75
Meter groß, schlank und kräftig sein und auch sehr
gut sehen und hören können. Kein Mann wurde bei
der römischen Legion angenommen, ohne vorher 60
von einem Arzt untersucht worden zu sein. Die Aus-
bildung war hart, allein die Grundausbildung dauerte

vier Monate und bestand unter anderem aus langen Märschen und Waffentraining. [...]

65 Das Römische Reich wurde mit der Zeit immer größer und mächtiger. Das lag an den vielen Eroberungszügen, die die Römer immer wieder unternahmen. Seine allergrößte Ausdehnung erreichte es im Jahr 117 nach Christus. Zu dieser Zeit gehörten fast alle Länder

70 rund um das Mittelmeer zum Römischen Reich: Syrien im Osten, Ägypten im Süden, Spanien im Westen und Britannien im Norden. Kein Wunder, dass die Römer das Mittelmeer als „mare nostrum" bezeichneten, was so viel heißt wie „unser Meer".

75 509 vor Christus wurde der letzte römische König Tarquinius Superbus vertrieben. Die römische Republik – die „res publica" (bedeutet „Staat" oder wörtlich „öffentliche Sache") – löste die lange Königsherrschaft in Rom ab.

80 Aber auch so ein mächtiges Reich wie Rom hielt nicht für die Ewigkeit. Innerhalb der Römischen Republik kam es im 2. Jahrhundert vor Christus zu einer Krise. Hintergrund waren zunächst Konflikte bei der Landverteilung. Einige wohlhabende Bürger legten sich

85 große Landgüter zu. Breite Schichten der Bevölkerung, die in der Landwirtschaft tätig waren, verarmten dagegen immer mehr. Die Unzufriedenheit innerhalb der Bevölkerung wurde größer, der Ruf nach Erneuerungen und Umverteilungen immer lauter. Es

90 folgten zahlreiche Bürgerkriege. [...] Es kam zum Untergang der bisherigen Staatsform, Rom wandelte sich zum Kaiserreich. Augustus, der Großneffe Julius Cäsars, wurde 31 vor Christus erster Kaiser des Römischen Reiches.

95 So riesig wie das Römische Reich war, wurde es immer schwieriger, es mit seinen vielen Provinzen zu verwalten. Die Macht Roms schwand langsam. Im Weströmischen Reich entstanden mit der Zeit germanische Staaten, die schließlich unabhängig wurden. Es gibt verschiedene Gründe für den Untergang 100 des Römischen Reiches. Das Heer bestand aus immer weniger römischen Bürgern. Die Soldaten schafften es nicht mehr, ihre Grenzen zu sichern. Das Römische Reich wurde in einen Ost- und einen Westteil gespalten, um die Verwaltung zu erleichtern. Die neue 105 Hauptstadt Ostroms wurde Konstantinopel, die heutige Stadt Istanbul in der Türkei. Auch darunter litt die Bedeutung der Stadt Rom stark.

Die erfolglosen Versuche, Germanien einzunehmen, taten ihr Übriges, um die Herrschaft der Römer zu 110 schwächen. Im Jahr 9 nach Christus schafften die Germanen es, die Römer in der Varusschlacht vernichtend zu schlagen. Der Rhein wurde wieder zur Grenze zwischen den römischen Provinzen und dem freien Germanien. Um die eroberten Gebiete vor den 115 Germanen zu schützen, errichteten die Römer den Limes, einen gewaltigen Grenzwall, der noch heute in Überresten erhalten ist. Im Oströmischen Reich brachen immer größere Konflikte aus. Christliche Gruppen bekämpften sich gegenseitig. Außerdem wurden 120 für die ständigen Kriege viele Gelder benötigt, und die Unzufriedenheit innerhalb der Bevölkerung verstärkte sich durch die hohe Steuerlast. Im 5. Jahrhundert nach Christus, nach ungefähr 1 000 Jahren römischer Herrschaft, war der Untergang des Römi- 125 schen Reiches gekommen.

Hähnel, Silvia: Die Römer – Großmacht der Antike. Zitiert nach: http://www.helles-koepfchen.de/artikel/2785.html (Letzter Zugriff am 23.05.2013)

Bionik: Die Natur als Lehrmeisterin

Kathrin Dorscheid

KV 48   **ERARBEITUNGS-HINWEISE** **S. 124**

Was die Menschen erfinden, gibt es in der Natur oft schon Millionen von Jahre. Wissenschaftler wollen sich die Tricks der Antarktisbewohner abschauen und in die Technik übertragen.

5 Die Blätter der Lotuspflanze sind von einer sich selbst reinigenden Schicht umhüllt, die Schmutz abstößt. Prima Idee, dachten sich Forscher. Könnte man diese Technik nicht nachmachen und in unserem Alltag anwenden? Kann man! Heutzutage gibt es selbst-

10 reinigende Autolacke und Fassadenfarben, die genau auf diesem Prinzip beruhen – dem „Lotus-Effekt".

„Bionik heißt: Von der Natur für die Technik lernen", erklärt Professor Werner Nachtigall, einer der Gründerväter und Vorreiter der Bionik-Forschung in Deutschland. Der Begriff „Bionik" ist zusammenge- 15 setzt aus „Bio-logie" und „Tech-nik". Forscher beobachten Natur-Phänomene ganz genau und versuchen, ihre Grundprinzipien zu verstehen, damit sie später in die Technik übertragen werden können.

Doch nicht nur von Pflanzen, sondern auch von Tie- 20

ren kann man sich jede Menge abgucken. Pinguine gelten zum Beispiel als großes Vorbild, was ihren niedrigen Energieverbrauch und ihre schnelle Fortbewegung unter Wasser angeht.

25 Lange Zeit verstand man nicht, warum solche rundlichen, auf den ersten Blick überhaupt nicht stromlinienförmigen Tiere so mühelos und schnell schwimmen können. Also begannen die Bionik-Forscher, die Pinguine genauer zu erforschen. Man ließ sie durch 30 Strömungskanäle schwimmen und analysierte jede einzelne Bewegung genau. Die Messungen ergaben, dass gerade ein dicker Rumpf einen viel geringeren Widerstand hat als beispielsweise ein schnittig erscheinendes Rennauto. Deshalb würde es eigentlich 35 viel mehr Sinn ergeben, Flugzeugen eine rundlichere Form zu verpassen. Bislang wird das nur noch nicht umgesetzt, da der Bau solcher dicklichen Flugzeuge deutlich komplizierter und teurer wäre als der von klassischen Flugzeugen.

40 Pinguine gelten auch deshalb als „Lehrmeister" für den U-Boot- oder Flugzeugbau, weil sie sich unter Wasser – anders als zum Beispiel Delphine – mit einem relativ starren Rumpf fortbewegen. Genauso ist es schließlich auch bei Flugzeugen und U-Booten, die aus einem festen, unbeweglichen Rumpf beste- 45 hen. Und das Schöne an der Bionik ist laut Professor Nachtigall: „Man muss Ideen aus der Natur nicht genau nachbauen, sondern man kann alle Erkenntnisse beliebig variieren und durch Kombination am Ende zu einer Idealform gelangen." So kann man zum Bei- 50 spiel die ledrige Haut eines Wals, die besonders wenig Widerstand erzeugt, mit der rundlichen Rumpfform eines Pinguins kombinieren – als Vorbild für ein neues U-Boot. Dadurch kann man Energie und Treibstoff sparen und tut der Natur damit gleichzeitig et- 55 was Gutes. Denn je weniger Sprit wir verbrauchen, desto besser ist das für die Luft und das Klima.

Dorscheid, Kathrin: Bionik: Die Natur als Lehrmeisterin. Zitiert nach: http://www.geo.de/GEOlino/technik/bionik-die-natur-als-lehrmeisterin-58976.html (Letzter Zugriff am 23.05.2013)

Traum vom Ruhm

Nadia Pantel

 KV 49

 ERARBEITUNGS-HINWEISE S. 124

Im Fernsehen gibt es viele Shows, bei denen Leute um die Wette singen. Die Teilnehmer hoffen, ein Star zu werden. Die Sender verdienen damit Geld. Zu Besuch bei den Aufnahmen von „The Voice Kids".

5 Das Scheinwerferlicht über der Bühne tanzt bunt durcheinander und die Coaches haben aufgehört, herumzublödeln. „Psssssssst", macht Christian, und auch das Publikum wird still. Christian? Ist das einer aus der Jury? Nein. Niemand wird Christian später 10 im Fernsehen sehen, weil er nicht auf der Bühne steht. Aber hier im Fernsehstudio am Stadtrand von Berlin ist er eine der wichtigsten Personen. Er steht in der allerletzten Reihe im Publikum und hat sich einen Anzug mit knallorangen Tigerstreifen angezo- 15 gen, damit ihn jeder erkennt. Wenn gleich alle im Publikum zu jubeln beginnen, liegt das nur zum Teil daran, dass ein Kind ein gutes Lied singt. Es liegt auch daran, dass Christian in seinem Tiger-Anzug die Arme in die Luft reißt und wie eine Mischung aus 20 Dirigent und Cheerleader das Publikum zum Klatschen anheizt.

Vier Stunden muss Tiger-Christian heute für gute Laune sorgen, damit die Auftritte von zwölf Kindern aufgezeichnet werden können.

Wer vor der Jury singen darf, hat es schon geschafft 25 „Ich bin echt überrascht, wie wahnsinnig gut die Kids singen", sagt Johannes Strate, der bei der Band Revolverheld singt und bei „The Voice Kids" in der Jury sitzt. Dort muss er Kinder aussuchen, die er dann für die nächste Runde trainiert. Die Jurymit- 30 glieder nennen sich deshalb Coach, also „Trainer". Johannes Strate sagt: „Es bricht mir das Herz, dass ich manche nicht in mein Team nehmen kann. Aber es ist ja sowieso klar, dass hier nur wirklich talentierte Kinder auftreten." 35

Das sieht auch Noe so. Noe ist 14 Jahre alt und kann genau sagen, gegen wie viele Kinder er sich bei der Vorauswahl durchgesetzt hat: „Ich war besser als 19.925 andere. Darauf kann ich sowieso stolz sein." Trotzdem weiß er, dass sich vielleicht keiner der Coa- 40 ches für ihn entscheidet. Es ist die Idee der Show, dass manche gewinnen müssen und andere verlieren, damit es für die Zuschauer spannend ist. So wie beim Fußball, nur mit Musik. Beim Fußball ist es einfach zu erklären, wer warum gewinnt, da zählt man ein- 45 fach Tore. Bei Musik ist das viel schwieriger, denn eigentlich geht es da ja um Geschmack.

„Ich werde später auf jeden Fall Musiker", sagt Noe.

Er singt, seit er fünf Jahre alt ist und hat auch schon
50 begonnen, eigene Songs zu schreiben. Über Liebe.
„Ich mag Popmusik, da geht`s immer um Liebe." Vor
Kurzem war er auch selber zum ersten Mal verliebt.
„Es hat aber nicht geklappt." Es könnte sein, dass es
bei „The Voice" auch nicht klappt. Aber daran will
55 Noe nicht denken. Das Wichtigste ist erst mal, dass
das Publikum klatscht und jubelt: „Ich singe so gerne
und es ist so cool, wenn das anderen Leuten gefällt.
Das gibt mir Selbstvertrauen."
Natürlich sei er nervös, sagt Noe, „aber sogar Hen-
60 ning, der Coach, ist ein bisschen nervös".

Ein Fernsehstudio-Tag ist für alle ziemlich aufregend,
nicht nur für die auf der Bühne.
Jede Minute, die im Fernsehen zu sehen ist, kostet
viele, viele tausend Euro. Allein eine einzelne Kame-
65 ra kostet 140.000 Euro. Auf der Bühne stehen davon
mehr als zehn Stück. Da ist es wichtig, dass keine
Fehler passieren. Wer hinter die Zuschauertribüne
geht, sieht kleine Grüppchen schwarz angezogener
Menschen herumstehen. 250 Personen arbeiten an
einem Aufzeichnungstag hinter den Kulissen. Die 70
passen auf, dass die Kandidaten genau in der richtigen Minute auf die Bühne gehen und dass alle
Scheinwerfer und Kameras funktionieren. Sobald
kurz Pause ist, kommt jemand auf die Bühne und pu-
dert die Coaches, damit sie im Fernsehen gut ausse- 75
hen.
Deshalb ist auch Tiger-Christian ziemlich streng.
„Christian, dürfen wir aufs Klo gehen?", fragen zwei
Jungs aus dem Publikum. „Nein", sagt Christian,
„später." Es ist wichtig, dass im Publikum keine Sitze 80
leer sind, damit es im Fernsehen nicht so aussieht, als
hätte keiner zugeschaut. Diesmal haben die Kinder,
die noch ausharren müssen, Glück gehabt: Noe tritt
auf. Er strahlt und trifft jeden Ton. Die, die eben noch
lieber auf die Toilette wollten, springen auf und ju- 85
beln. Da hätte Christian gar nicht extra „lauter, lauter" sagen müssen.

Nadia Pantel: Traum vom Ruhm. Zitiert nach http://www.sueddeutsche.
de/verlag/the-voice-kids-traum-vom-ruhm-1.1918741 (Letzter Zugriff
am 25.04.2014).

Grundmodell Papierflieger

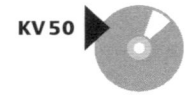

KV 50

ERARBEITUNGS-
HINWEISE
S. 124

Die Anleitung zum Falten eines Papierfliegers sollte zunächst dazu genutzt werden, den Papierflieger auch zu basteln (am besten in kleinen Gruppen).

Nach einer kurzen Phase des Ausprobierens (die den Schülern selbstverständlich gewährt werden muss), sollte dann die Faltanleitung bewertet werden.

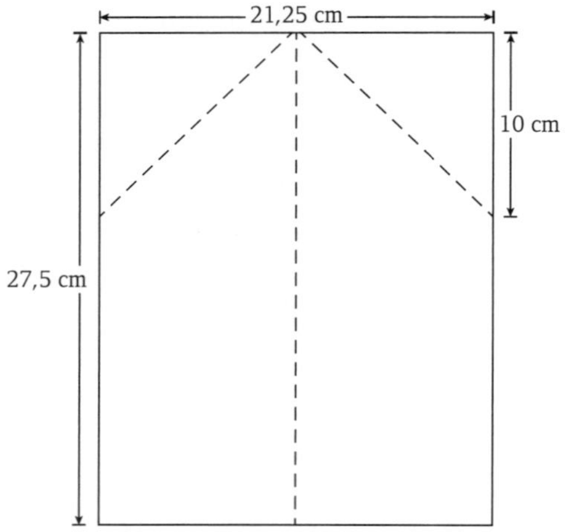

1. Mittellinie falzen, Ecken nach oben falten

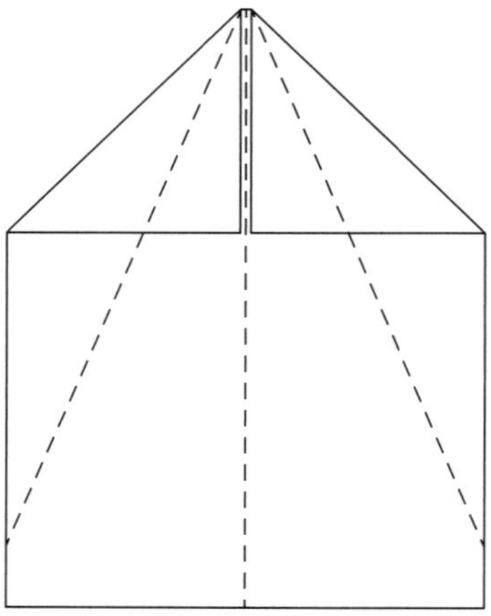

2. An den gestrichelten Linien nach oben falten

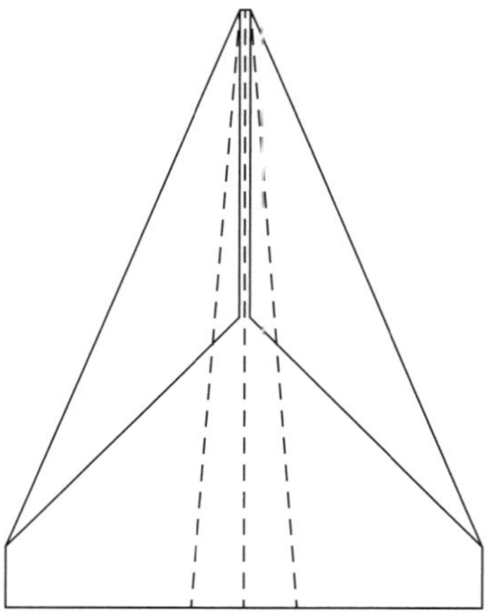

3. An der Mittellinie nach unten falten, an den gestrichelten Linien nach oben …

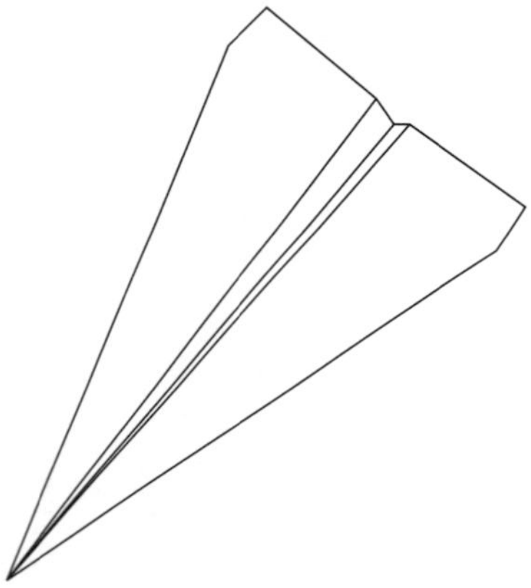

4. … so, dass dieses Gebilde entsteht

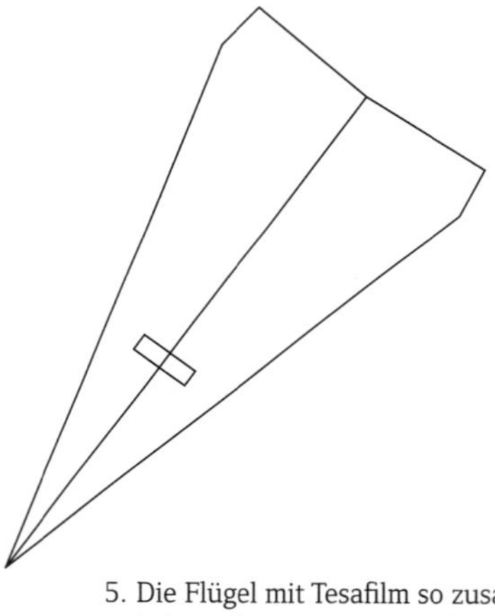

5. Die Flügel mit Tesafilm so zusammenhalten, dass sie etwas nach oben angewinkelt sind

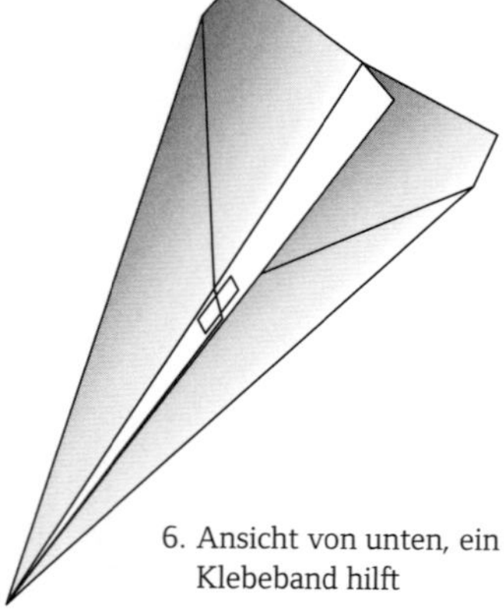

6. Ansicht von unten, ein Stückchen Klebeband hilft

Alle Bilder sind in einem Dokument zusammengefasst auch auf der CD verfügbar.

Feste und Bräuche

© Klaus Kaulitzki - Fotolia.com

© Gudellaphoto - Fotolia.com

Haustiere

ERARBEITUNGSHINWEISE
S. 125

© Mirko Raatz - Fotolia.com

ERARBEITUNGSHINWEISE

S. 125

© StefanieB. - Fotolia.com

Hobbys

ERARBEITUNGSHINWEISE
S. 125

© enzodebernardo - Fotolia.com

ERARBEITUNGSHINWEISE
S. 125

© Anton Gvozdikov - Fotolia.com

Literarische Figuren

© imago

ERARBEITUNGSHINWEISE
S.125

© IBL BILDBYRA AB LINDINGÖ

ERARBEITUNGSHINWEISE
S.125

Personenbeschreibung

ERARBEITUNGSHINWEISE
S.126

© olly – Fotolia.com

ERARBEITUNGSHINWEISE
S.126

© Tyler Olson – Fotolia.com

 Texte und Bilder für den Deutschunterricht 5/6

ERARBEITUNGSHINWEISE
S. 126

© Minerva Studio – Fotolia.com

ERARBEITUNGSHINWEISE
S. 126

© auremar – Fotolia.com

Gegenstandsbeschreibung

ERARBEITUNGSHINWEISE
S. 126

© nerthuz – Fotolia.com

ERARBEITUNGSHINWEISE
S. 126

© Robert Kneschke – Fotolia.com

ERARBEITUNGSHINWEISE
S. 126

© gavran333 – Fotolia.com

Cornelsen
Texte und Bilder für den Deutschunterricht 5/6

ERARBEITUNGSHINWEISE
S. 126

© Lucky Dragon - Fotolia.com

Vorgangsbeschreibung

ERARBEITUNGSHINWEISE
S. 126

© Foto-Ruhrgebiet - Fotolia.com

© Marcus Roczen – Fotolia.com

ERARBEITUNGSHINWEISE
S. 126

© Marina Lohrbach – Fotolia.com

ERARBEITUNGSHINWEISE
S. 126

Cornelsen   Texte und Bilder für den Deutschunterricht 5/6

© aline caldwell - Fotolia.com

Körpersprache

© JackF - Fotolia.com

ERARBEITUNGSHINWEISE ▶
S. 126

© chunumunu – Fotolia.com

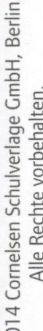

ERARBEITUNGSHINWEISE ▶
S. 126

© chunumunu – Fotolia.com

© Laurent Hamels – Fotolia.com

ERARBEITUNGSHINWEISE

S. 126

Tiergeschichten

ERARBEITUNGSHINWEISE
S. 126

© mma23 – Fotolia.com

ERARBEITUNGSHINWEISE
S. 126

© lightpoet – Fotolia.com

ERARBEITUNGSHINWEISE ▶ S. 126

© Carola Schubbel - Fotolia.com

ERARBEITUNGSHINWEISE ▶ S. 126

© openlens - Fotolia.com

Cornelsen Texte und Bilder für den Deutschunterricht 5/6

Abenteuergeschichten

© fotosutra. com – Fotolia.com

ERARBEITUNGSHINWEISE
S. 126

ERARBEITUNGSHINWEISE
S. 126

© george kuna - Fotolia.com

ERARBEITUNGSHINWEISE
S. 126

© Galyna Andrushko - Fotolia.com

ERARBEITUNGSHINWEISE
S. 126

© andreiuc88 - Fotolia.com

Erarbeitungsteil

Die in den Kompetenztests mit einem Stern (*) markierten Aufgaben sind deutlich anspruchsvoller und verstehen sich als Zusatzaufgaben für lernstärkere Schülerinnen und Schüler.

Das Lamm und der Wolf

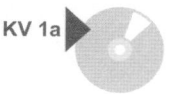 

Aesop

Der Fabeltext ist um folgenden nachgestellten Lehrsatz gekürzt:

Das Gewissen regt sich selbst bei dem größten Bösewichte; er sucht doch nach Vorwand, um dasselbe damit bei Begehung seiner Schlechtigkeiten zu beschwichtigen.

Vgl. zur möglichen Erarbeitung der Fabel die Hinweise zur Lessing-Fabel „Der Rabe und der Fuchs" (S. 77).

Klassenarbeitsvorschlag

Bearbeite die folgenden Aufgaben in einem zusammenhängenden Text:

1. Fasse den Inhalt der Fabel kurz zusammen.
2. Weise am Text typische Merkmale einer Fabel nach.
3. Formuliere die Lehre der Fabel.

Jung-Siegfried

Gerhard Aick

Kompetenztest

1. Beantworte stichwortartig die folgenden Fragen zum Text.

   a) Warum schicken Siegfrieds Eltern Siegfried in die Welt?

   _____

   _____

   b) Wie gelangt Siegfried zu Mimes Schmiede?

   _____

   _____

   c) Warum möchte Mime Siegfried wieder loswerden?

   _____

   _____

2. Nenne die Eigenschaften Siegfrieds, die ihn als typischen Helden einer Heldensage ausweisen.

_____

_____

_____

_____

3. Nenne drei weitere inhaltliche Gesichtspunkte, die den Text als Sage kennzeichnen.

_____

_____

4. Erkläre, was sich aus der Tatsache ergibt, dass im Text auf das Lindenblatt verwiesen wird, welches sich während des Bades auf Siegfrieds Schulter befand.

_____

_____

_____

5. Erkläre, warum die Kommas im folgenden Satzgefüge aus dem Text jeweils gesetzt werden müssen.

Eine Zeitlang ließ er den Wanderburschen an der Schwelle warten, (1) dann gebot er seinen Gesellen Einhalt, (2) warf den Stahl in ein Gefäß mit Wasser, (3) dass der Dampf hoch aufzischte, (4) und wandte sich dem Jüngling zu.

Komma (1): _____

Komma (2): _____

Komma (3): _____

Komma (4): _____

6. Gib die folgende wörtliche Rede einmal so wieder, dass der Redebegleitsatz in die wörtliche Rede eingefügt ist, und einmal so, dass er ihr nachfolgt.

Alberich warnte ängstlich: „Herr, nehmt nicht diesen Reif. Ein Fluch haftet an ihm. Wer ihn trägt, der rennt in sein Verderben.“

a) Redebegleitsatz eingefügt: _____

_____

_____

b) Redebegleitsatz folgt: _____

_____

_____

_____

Chichibio
Giovanni Boccaccio

 KV 3a   TEXT  S. 10

Kompetenztest

1. Kreuze an, welche Aussagen über den Inhalt des Textes „Chichibio" zutreffen und welche nicht.

Aussagen über den Inhalt des Textes „Chichibio"	richtig	falsch
a) Chichibio war in ein Mädchen namens Peretola verliebt.	☐	☐
b) Das Mädchen droht Chichibio damit, ihm künftig nichts mehr zum Gefallen zu tun, wenn er ihr nicht einen Schenkel des Kranichs gibt.	☐	☐
c) Aus Rücksicht auf seine Gäste will Currado mit Chichibio nicht streiten, als dieser behauptet, Kraniche hätten nur ein Bein.	☐	☐
d) Da Kraniche beim Schlafen tatsächlich auf einem Bein stehen, ist Chichibio zuversichtlich, Currado die Einbeinigkeit der Vögel beweisen zu können.	☐	☐
e) Obwohl Chichibio gelogen hat, straft ihn Currado nicht, weil er ihm auf seine Vorhaltung eine lustige Antwort gegeben hat.	☐	☐

2. Erkläre, warum Chichibio wohl gegenüber Currado unsinnigerweise behauptet, dass Kraniche nur ein Bein hätten.

_____

_____

_____

3. Erkläre, warum Currado Chichibio ein „Naschmaul" nennt.

_____

_____

4. Kreuze die Textsorte an, zu der der Text „Chichibio" gehört. Begründe anschließend deine Meinung.

☐ Lügengeschichte   ☐ Märchen   ☐ Sage   ☐ Schwank

Begründung: _____

_____

_____

5. Erkläre die unterschiedliche Groß- bzw. Kleinschreibung von „morgen" bzw. „Morgen".

a) so will ich mir <u>morgen</u> früh die Sache ansehen.   b) Am andern <u>Morgen</u> aber

_____

_____

© 2014 Cornelsen Schulverlage GmbH, Berlin. Alle Rechte vorbehalten.

6. *Erkläre, warum im folgenden Satz „lebendigen" trotz des Artikels („<u>den</u> lebendigen")
kleingeschrieben wird.

so werde ich es Euch an den <u>lebendigen</u> zeigen.

_____

_____

Gullivers Reisen

Jonathan Swift

KV 4a   TEXT

S. 12

Kompetenztest

1. Rekonstruiere, was geschehen sein muss, bevor der Ich-Erzähler an den Strand kam.

_____

_____

_____

2. Stelle dar, welche Hinweise es im Text darauf gibt, dass die Situation für den Ich-Erzähler gut
endet.

_____

_____

_____

_____

_____

_____

3. Schreibe die folgenden Verbformen aus dem Text in die richtige Spalte der Tabelle und bilde
jeweils die anderen Formen.

getrunken hatte – weiß – rief – ging – wird vermuten

Plusquam-perfekt	Präteritum	Perfekt	Präsens	Futur I

4. Bestimme die Wortart folgender Wörter aus dem Text.

Wort	Wortart
Von	
dort	
aus	
hielt	
eines	
der	
Geschöpfe	

Wort	Wortart
wie	
es	
schien	
ein	
Mann	
von	
Stande	

5. Markiere in den folgenden Sätzen aus dem Text die Attribute.

a) Ich legte mich auf das Gras, welches mir kurz und weich zu sein schien, und schlief dann fester wie jemals in meinem Leben

b) Dasselbe war mit meinen sehr langen und dicken Haaren der Fall.

c) zum Glück aber trug ich ein Wams von Büffelleder, das sie nicht durchbohren konnten.

Der Rabe und der Fuchs

Gotthold Ephraim Lessing

Es bietet sich mit Blick auf die Erarbeitung der Merkmale von Fabeln an, mindestens zwei Fabeln vergleichend zu lesen (also etwa diese und die Aesop-Fabel auf S. 8; vgl. dazu auch Aufgabe 2 im Kompetenztest unten). Sind die Merkmale von Fabeln erarbeitet worden, können die Schüler (etwa auch in Partner- oder Gruppenarbeit) eigene Fabeln schreiben.

Kompetenztest

1. Kreuze an, welche Merkmale die Fabel „Der Rabe und der Fuchs" aufweist und welche nicht.

Merkmale der Fabel „Der Rabe und der Fuchs"	richtig	falsch
a) Zur Zeit und dem Handlungsort macht der Text genaue Angaben.	☐	☐
b) Die beiden Tiere im Text haben Eigenschaften, die typisch menschlich sind.	☐	☐
c) Nach einer kurzen Schilderung der Ausgangssituation kommt es zu Rede und Gegenrede, danach zum Ergebnis der Handlung.	☐	☐
d) Es gibt nur eine Haupthandlung und keine Nebenhandlung.	☐	☐
e) Die Fabel enthält einen Lehrsatz zur Deutung.	☐	☐

2. Charakterisiere die beiden Tiere aus der Lessing-Fabel mithilfe von Adjektiven. Nenne zwei weitere Tiere deiner Wahl, die in Fabeln vorkommen, und gib an, welche Eigenschaft sie dort gewöhnlich haben.

Eigenschaften Rabe: _____

Eigenschaften Fuchs: _____

Eigenschaften weiterer Tiere: _____

_____

3. Formuliere die Lehre der Fabel mit deinen eigenen Worten.

_____

_____

_____

4. Markiere in den beiden folgenden Sätzen alle Attribute.

a) Ein Rabe trug ein Stück vergiftetes Fleisch, das der erzürnte Gärtner für die Katzen seines Nachbarn hingeworfen hatte, in seinen Klauen fort.

b) Bist du nicht der rüstige Adler, der täglich von der Rechten des Zeus auf diese Eiche herabkommt, mich Armen zu speisen?

5. Unterstreiche in den folgenden Sätzen das jeweils angegebene Satzglied. Beachte, dass ein Satzglied auch mehrfach vorkommen kann.

a) (Subjekt) Und eben wollte er es auf einer alten Eiche verzehren, als sich ein Fuchs herbeischlich und ihm zurief:

b) (adverbiale Bestimmung) Sehe ich denn nicht in der siegreichen Klaue die erflehte Gabe?

c) (Dativobjekt) Großmütig dumm ließ er ihm also seinen Raub herabfallen und flog stolz davon.

d) (Akkusativobjekt) Der Fuchs fing das Fleisch lachend auf und fraß es mit boshafter Freude.

Münchhausens drittes Seeabenteuer

Gottfried August Bürger

 KV 6a

 TEXT
S. 14

Kompetenztest

1. Beantworte kurz die folgenden Fragen zum Textinhalt.

a) Wie gelangt der Ich-Erzähler in den Magen des Wales?

_____

_____

Cornelsen

Texte und Bilder für den Deutschunterricht 5/6

b) Was macht der Ich-Erzähler im Magen des Wales? Welche Wirkung hat das auf den Wal?

_____

_____

c) Bei welcher Gelegenheit wird der Wal von der Besatzung des italienischen Schiffes entdeckt?

_____

_____

d) Was fürchtet der Ich-Erzähler, als die Italiener den Wal zerlegen wollen? Wie verhält er sich?

_____

_____

2. Kreuze die Textsorte an, zu der der Text „Münchhausens drittes Seeabenteuer" gehört. Begründe anschließend deine Meinung.

☐ Lügengeschichte   ☐ Märchen   ☐ Sage   ☐ Schwank

Begründung: _____

_____

_____

3. Unterstreiche in den beiden folgenden Satzgefügen jeweils alle Nebensätze.

a) Sobald ich nun nur ein wenig Licht schimmern sah, schrie ich ihnen aus voller Lunge entgegen, wie angenehm es mir wäre, die Herren zu sehen und durch sie aus einer Lage erlöset zu werden, in welcher ich beinahe erstickt wäre.

b) Nachdem ich einige Erfrischungen zu mir genommen hatte und in die See gesprungen war, um mich abzuspülen, schwamm ich nach meinen Kleidern, welche ich auch am Ufer ebenso wiederfand, als ich sie gelassen hatte.

4. Schreibe aus dem letzten Absatz des Textes alle konjugierten (gebeugten) Verbformen nach Zeitformen getrennt in die Tabelle. Bestimme anschließend die Zeitformen und schreibe das entsprechende Tempus in die Reihe über den Verbformen.

5. Begründe die Großschreibung der markierten Wörter.

a) im Mittelländischen Meere: _____

b) Da ich nun Italienisch verstand: _____

_____

Texte und Bilder für den Deutschunterricht 5/6

Der geheilte Patient

Johann Peter Hebel

KV 7a

TEXT
S. 14

Die Behandlung der Geschichte könnte zum Anlass genommen werden, auf die Textsorte Kalendergeschichte und ihre Merkmale (kurze Erzählung, merkwürdige Begebenheit liegt zugrunde, unterhaltsam geschrieben, zugleich belehrend) hinzuweisen.

Klassenarbeitsvorschlag

Fasse den Inhalt des Textes von Johann Peter Hebel zusammen. Erkläre mit deinen eigenen Worten, was der „geheilte Patient" gelernt hat.

Kompetenztest

1. Erkläre bzw. umschreibe, was die folgenden Wörter und Ausdrücke aus dem Text bedeuten.

   a) Fouder: _____

   b) auf des Schuhmachers Rappen: _____

   c) der Schreiner hat euch etwas anzumessen: _____

   d) den Kuckuck nimmer schreien hören: _____

   e) ein feiner Kauz sein: _____

2. Beantworte knapp die folgenden Fragen mit deinen eigenen Worten.

   a) Warum wendet sich der reiche Amsterdamer an den Arzt?

   _____

   _____

   _____

   b) Was verlangt der Arzt zunächst von dem Mann? Welchen Rat gibt er ihm?

   _____

3. „Herr Doktor, [...] und ich versteh Euch wohl", sagt der Mann zu dem Arzt. – Was hat er verstanden? Fasse die Lehre aus der Geschichte mit deinen eigenen Worten zusammen.

   _____

   _____

4. Erkläre die Groß- bzw. Kleinschreibung der im folgenden Satz markierten Zeitangaben.

   Fürs andere dürft Ihr nicht mehr essen als zweimal des Tages einen Teller voll Gemüs, <u>mittags</u> ein Bratwürstlein dazu und <u>nachts</u> ein Ei, und <u>am Morgen</u> ein Fleischsüpplein mit Schnittlauch drauf.

   _____

   _____

5. Im Text finden sich zwei nominalisierte (substantivierte) Adjektive. Schreibe sie mit ihren Begleitwörtern heraus.

_____

6. *Erkläre, warum die Kommas in dem folgenden Satz stehen müssen.

„Herr Doktor, (1) mir fehlt gottlob nichts, (2) und wenn Ihr so gesund seid wie ich, (3) so soll`s mich freuen.“

(1) _____

(2) _____

(3) _____

Kannitverstan

Johann Peter Hebel

KV 8a   TEXT   S. 16

Über die inhaltliche Erarbeitung hinaus (vgl. die Aufgaben) kann die Geschichte auch zur Behandlung (Vertiefung, Wiederholung) wichtiger erzähltechnischer Aspekte verwendet werden: Neben dem Einstiegskommentar, durch den sich der Erzähler als allwissend ausweist, dem Erzählsetting, den verschiedenen Darstellungsformen sowie der Rede- und Gedankenwiedergabe bietet sich hier besonders die Untersuchung und Beschreibung der zwischen der inneren Entwicklung des Handwerksburschen und den äußeren Geschehnissen wechselnden Erzählperspektive an.

Aufgaben

1. Die Geschichte „Kannitverstan“ beginnt mit einem Kommentar des Erzählers. Bestimme, wo der Kommentar endet und die eigentliche Geschichte beginnt. Begründe deine Meinung.

_____

_____

_____

_____

2. Vergleiche die drei Episoden mit dem Handwerksbuschen und beschreibe, wie sie jeweils aufgebaut sind.

Episode	Beschreibung des Ablaufs
Haus	

Texte und Bilder für den Deutschunterricht 5/6

3. Benenne, was der Handwerksbursche aus seinen Erlebnissen gelernt hat. Fasse anschließend mit deinen eigenen Worten zusammen, wie der Erzähler die Geschehnisse bewertet.

Was der Handwerksbursche gelernt hat _____

_____

_____

_____

Wie der Erzähler die Geschehnisse bewertet _____

_____

_____

_____

Der Vater und der Sohn

Johann Peter Hebel

KV 9a ▶　　　　　TEXT ▶

S.17

Aufgaben

1. Erkläre, wie der Ausdruck „zornige Ohrfeigen" zu verstehen ist.

_____

_____

2. Formuliere zu den folgenden Antworten jeweils eine passende Frage.

1. Frage: _____

_____

Antwort: Weil dieser versehentlich beim Öffnen einer Schublade ein Gläschen zerbrochen hat.

2. Frage: _____

_____

Antwort: Weil das Gläschen Medizin enthielt, die vermutlich teuer war.

3. Der Sohn ist schuld, dass das Gläschen zerbrochen ist. Nenne ein Argument, das für diese Behauptung spricht, und ein Argument, das gegen diese Behauptung spricht.

Argument für die Behauptung	Argument gegen die Behauptung

4. Erkläre, weshalb der Vater dem Sohn eine zweite Ohrfeige androht.

_____

_____

_____

5. Formuliere die Lehre der Geschichte in deinen eigenen Worten.

_____

_____

_____

Der Werwolf

Brüder Grimm

KV 10a   TEXT

S. 17

Kompetenztest

1. Erkläre, was die folgenden Wörter aus dem Text bedeuten (können). Bei älteren oder gehobenen Ausdrücken kannst du unser heutiges Wort, wie es in der Alltagssprache gebraucht wird, angeben.

a) Gevatter: _____

b) Hernach: _____

c) Füllen: _____

d) geraunt: _____

e) jetzo: _____

2. Kreuze an, welche Aussagen über den Inhalt des Textes „Der Werwolf" zutreffen und welche nicht.

	Aussagen über den Inhalt des Textes „Der Werwolf"	richtig	falsch
a)	Der Großvater ging mit zwei Gevattern zum Holzhauen in den Wald.	☐	☐
b)	Nachdem die drei die Arbeit beendet hatten, nahmen sie zunächst ihr mitgebrachtes Mittagessen ein.	☐	☐
c)	Es war der Vorschlag des Dritten, sich nach getaner Arbeit zum Schlafen hinzulegen.	☐	☐
d)	Als der Dritte glaubte unbeobachtet zu sein, zog er sich aus und verwandelte sich in einen Werwolf.	☐	☐
e)	Der Werwolf fiel auf einer Wiese ein Füllen an und fraß es mit Haut und Haar auf.	☐	☐
f)	Als der Großvater dem Dritten zu verstehen gibt, dass er ihn auf der Wiese beobachtet hat, kündigt dieser an, den Großvater bei nächster Gelegenheit auch zu fressen.	☐	☐

Texte und Bilder für den Deutschunterricht 5/6

3. Erkläre mit deinen eigenen Worten, weshalb der Großvater nicht schläft, sondern dies nur vortäuscht.

_____

_____

_____

_____

4. Bestimme in den folgenden Sätzen bzw. Satzteilen die Wortart der markierten Wörter so genau wie möglich (d. h., gib bei den Pronomen an, zu welcher Pronomenart sie gehören).

a) folgende Geschichte, <u>die</u> <u>seinem</u> eignen Großvater begegnet sein soll – Bestimmung:

_____

b) <u>Dieser</u>, sein Großvater, sei <u>einmal</u> zu Wald holzhauen gegangen – Bestimmung:

_____

c) <u>aber</u> nur so getan, <u>als</u> schliefe er – Bestimmung:

_____

d) Hättest du <u>mir</u> <u>das</u> im Walde gesagt – Bestimmung:

_____

5. Erläutere, welcher grammatische Fehler in dem folgenden Satz eigentlich (das heißt aus heutiger Sicht) vorliegt.

wo gerade ein jung Füllen gegraset

_____

_____

6. Untersuche das folgende Satzgefüge und unterstreiche alle Nebensätze.

Nach einer kleinen Weile, als sie alle zusammen aufgestanden, wären sie heim nach der Stadt gegangen, und wie sie eben am Schlagbaum gewesen, hätte jener Dritte über Magenweh geklagt.

....

Der Froschkönig oder der eiserne Heinrich

Brüder Grimm

KV 11a ▶    TEXT ▶

Das Märchen vom Froschkönig bietet sich auch zur Nacherzählung und/oder zur (schriftlichen) Zusammenfassung an.

Aufgaben

1. Erkläre, an welchen typischen Merkmalen du erkannt hast, dass der Text vom Froschkönig ein Märchen ist.

_____

_____

_____

_____

_____

_____

2. Erkläre, was an dem Märchen vom Froschkönig untypisch für die Textsorte Märchen ist.

_____

_____

_____

_____

_____

Die weiße Schlange

Brüder Grimm

KV 12a ▶   TEXT ▶
                           S. 19

Kompetenztest

1. Erläutere, warum der König wohl den Diener in die Verantwortung nimmt für den verloren gegangenen Ring der Königin.

_____

_____

_____

2. Stelle dar, wie die Prinzessin, um die der Diener freit, zunächst zum ihm steht und warum sich ihre Einstellung schließlich ändert.

_____

_____

_____

3. Nenne die Merkmale des Märchens, die der Text „Die weiße Schlange" aufweist.

_____

_____

_____

4. Trage die folgenden Adjektive aus dem Text in die richtige Spalte der Tabelle ein und bilde die anderen Formen.

verborgensten – schönster – besseren – schwere

Grundform (Positiv)	Mehrform (Komparativ)	Meistform (Superlativ)

5. Ermittle und bestimme in dem folgenden Satz die Satzglieder.

Da tritt mir das dumme Pferd mit seinen schweren Hufen meine Leute ohne Barmherzigkeit nieder!

_____

_____

_____

_____

6. Erläutere die unterschiedliche Groß- bzw. Kleinschreibung der markierten Wörter in den beiden Sätzen. Formuliere in diesem Zusammenhang die allgemeine Regel.

Satz 1: wenn er bis <u>morgen</u> den Täter nicht zu nennen wüsste
Satz 2: Sie erzählten sich, wo sie heute <u>Morgen</u> all herumgewackelt wären

_____

_____

_____

Die kluge Gretel
Brüder Grimm

KV 13a    TEXT ▶
S. 21

Kompetenztest

1. Kreuze an, welche Aussagen über den Inhalt des Textes „Die kluge Gretel" zutreffen und welche nicht.

Aussagen über den Inhalt des Textes „Die kluge Gretel"	richtig	falsch
a) Da der Herr einen Gast erwartet, muss Gretel zu Hause bleiben und zwei Hühner braten, obwohl sie schon ihre roten Schuhe anhat und ausgehen möchte.	☐	☐
b) Als die beiden Hühner schon fast gar und braun waren, war der Gast noch nicht gekommen.	☐	☐

Texte und Bilder für den Deutschunterricht 5/6

c)	Nachdem ihr Herr gegangen war, um den Gast zu holen, probiert Gretel zuerst einen Hühnerflügel und geht dann in den Keller, um etwas Wein zu trinken.	☐	☐
d)	Nachdem Gretel erst einmal angefangen hat zu essen, isst sie immer wieder, bis schließlich das erste Huhn ganz aufgegessen ist.	☐	☐
e)	Nachdem sie das erste Huhn aufgegessen hat, ist der Herr mit dem Gast noch immer nicht zurück, sodass Gretel auch noch das zweite Huhn aufisst.	☐	☐
f)	Als nun der Herr mit dem Gast endlich kommt, sagt Gretel ihrem Herrn, dass der Gast ihm die Ohren abschneiden möchte, worauf der Herr flüchtet.	☐	☐

2. Erkläre, warum Gretel „klug" ist, wie es im Titel heißt.

_____

_____

_____

3. Bestimme die Textsorte, zu der der Text „Die kluge Gretel" gehört.

_____

_____

_____

4. Bilde von den folgenden Verben und Adjektiven aus dem ersten Absatz des Textes jeweils das entsprechende Nomen (Beispiel: „jung" ▶ „die Jugend"). Schreibe die Nomen mit ihrem Artikel auf.

a) ausging: _____   b) drehte: _____

c) fröhlich: _____   d) schönes: _____

e) versuchte: _____   f) schmeckt: _____

5. Ergänze die Wortfelder um jeweils fünf weitere Verben bzw. Ausdrücke.

Wortfeld „essen"	Wortfeld „trinken"
verzehren, schmausen,	schlürfen, einen heben,

6.* Beschreibe den unterschiedlichen Gebrauch von „beste / Beste" in den folgenden Sätzen aus dem Text.

a) so versuchte sie das <u>Beste</u>, was sie kochte _____

_____

b) ist aber jammerschade, wenn sie nicht bald gegessen werden, wo sie am <u>besten</u> im Saft sind. _____

c) Wie sie so im besten Essen war _____

Der eiserne Kasten
Ulrich Jahn

KV 14a   TEXT   S. 22

Kompetenztest

1. Gib an, was die folgenden Wendungen im Textzusammenhang bedeuten.

a) „Gott sei Dank, auch mich haben sie nicht entdeckt!", sagte der Bauer, <u>und damit war die Sache abgemacht.</u> _____

_____

b) Dort <u>gab er ihr den Kreuzdornstock zu schmecken</u> _____

_____

c) <u>und das bekam ihr so gut</u>, dass sie niemals wieder etwas ausgeplaudert hat. _____

_____

2. Erkläre in allgemeiner Form, wie die Geschichte mit dem eisernen Kasten dem Amtmann bekannt wurde.

_____

_____

3. Erkläre, warum der Amtmann den Bauern vor Gericht bringt.

_____

_____

_____

4. Prüfe, zu welcher Textsorte die Geschichte „Der eiserne Kasten" gehören könnte.

a) Notiere alle Merkmale, die die Geschichte mit einem Märchen gemeinsam hat.

_____

_____

b) Notiere, welche Merkmale die Geschichte dagegen von einem Märchen unterscheiden.

_____

_____

_____

c) Stelle eine begründete Vermutung darüber an, zu welcher Textsorte die Geschichte „Der eiserne Kasten" gehört.

_____

_____

5. Im folgenden Textauszug finden sich sechs verschiedene Adjektive (Eigenschaftswörter). Markiere sie.

Es war einmal ein armer Bauer, der fuhr eines Morgens, früh, ehe die Sonne aufging, in den Wald, um Holz zu schlagen. Da traf er unter einer Eiche ein steinaltes Mütterchen, das stand vor einem großen, eisernen Kasten und sprach zu ihm: „Du kannst mich erlösen und dich glücklich machen! Hier, dieser eiserne Kasten ist bis oben an mit harten Talern gefüllt.

a) Vier der sechs Adjektive sind steigerbar. Trage diese vier Adjektive in die Tabelle ein und bilde die Steigerungsformen

Grundform (Positiv)	Mehrform (Komparativ)	Meistform (Superlativ)

b)* Zwei der sechs Adjektive sind dagegen nicht steigerbar. Erkläre den Grund dafür.

_____

_____

_____

- -

Robinson Crusoe
Daniel Defoe

KV 15a   TEXT

S. 24

Kompetenztest

1. Erläutere, wie die beiden folgenden Ausdrücke aus dem Text zu verstehen sind.

a) und jeder von uns machte sich zum Eintritt in eine andere Welt bereit _____

_____

b) zu denken, wie wir das nackte Leben retten könnten _____

_____

2. Kreuze an, welche Aussagen über den Inhalt des Textes „Robinson Crusoe" zutreffen und welche nicht.

Aussagen über den Inhalt des Textes „Robinson Crusoe"	richtig	falsch
a)	Als der Sturm aufkommt, befindet sich das Schiff auf dem Weg von Brasilien nach Afrika.	☐	☐
b)	Kaum war Land in Sicht, stieß das Schiff vor der Küste auf ein Felsenriff.	☐	☐
c)	Die Besatzung des Schiffes war, nachdem das Schiff aufgelaufen war, schon auf das Äußerste gefasst, als der Wind sich legte.	☐	☐
d)	Die einzige Hoffnung der Leute war, ein kleines Boot ins Wasser lassen zu können und damit vielleicht in irgendeine schützende Bucht oder Flussmündung zu gelangen.	☐	☐
e)	Es gelang der Mannschaft zwar, das Boot ins Wasser zu lassen und eine Weile darin gegen die Küste zu rudern, doch lief durch ein Leck Wasser ins Boot, sodass es sank.	☐	☐

3. Erkläre die Besonderheit der Sprachverwendung in den beiden folgenden Textstellen.

a) eine berghohe wütende Welle _____

b) Eine Woge wie ein großer Hügel, gleich einem wütenden Feinde _____

c) dass ich die einzige gerettete Seele unter allen sei _____

4. Markiere im folgenden Textabschnitt alle Zeitadverbien.

Die neue Woge begrub mich sofort wieder zwanzig bis dreißig Fuß in die Tiefe. Ich konnte fühlen, wie sie mich mit großer Gewalt und Schnelligkeit eine geraume Strecke nach der Küste hintrug. Wiederum hielt ich den Atem an und bemühte mich, mit aller Kraft vorwärts zu schwimmen. Fast wäre mir der Atem ausgegangen, als ich plötzlich auftauchte und Hand und Kopf über dem Wasser sah.

5. Markiere im folgenden Textabschnitt alle Modalverben.

Wir sahen klar voraus, dass das Boot sich in den hohen Wellen nicht halten könne, sondern untergehen müsse. Segel hatten wir nicht, hätten auch nichts damit anfangen können. Daher arbeiteten wir uns mit den Rudern nach dem Lande hin, aber schweren Herzens, wie Leute, an denen ein Todesurteil vollzogen werden soll.

6. Markiere in den folgenden Sätzen aus dem Text die Nominalisierungen (Substantivierungen). Achtung: In einem Satz kommt keine Nominalisierung vor.

a) Niemand, der nicht Ähnliches durchgemacht hat, kann sich die menschliche Ratlosigkeit in solcher Lage vorstellen.

b) Wir schauten einer den andern in Todeserwartung an, und jeder von uns machte sich zum Eintritt in eine andere Welt bereit.

c) Zu langem Besinnen jedoch fehlte die Zeit, da wir jede Minute das Schiff in Stücken zu sehen meinten, und einige riefen, es sei bereits geborsten.

d) Aber auch diesmal entrann ich nicht der wütenden See, die mich aufs Neue überflutete.

Winnetou

Karl May

 KV 16a

 TEXT S. 26

Der kurze Auszug aus dem 1908 veröffentlichten Roman „Winnetou I" eignet sich gut zur Lektüre bzw. Bearbeitung im Zusammenhang mit der Behandlung von Personenbeschreibungen (vgl. dazu auch die Abbildung auf der S. 61f.).

Aufgaben

1. Stelle dar, mit welchen Mitteln es Karl May gelingt, die Personenbeschreibungen anschaulich zu gestalten.

   _____

   _____

   _____

2. Trage die folgenden Adjektive aus dem Text in die richtige Spalte der Tabelle ein und bilde die anderen Formen.

   zierlicher – edler – kühne – alte

Grundform (Positiv)	Mehrform (Komparativ)	Meistform (Superlativ)

3. Schreibe aus dem Text alle Nominalisierungen (Substantivierungen) mit ihrem Begleitwort heraus.

   _____

   _____

Die Regentrude

Theodor Storm

 KV 17a

 TEXT S. 27

Die Erzählung „Die Regentrude" aus dem Jahr 1863 wird oft auch der Gattung Kunstmärchen zugerechnet, weist aber wesentliche sagenhafte Elemente auf. Dies muss kein Widerspruch sein. Für die Bearbeitung der Aufgabe ist es unerheblich; dort kommt es vor allem darauf an, dass die Schüler sich überhaupt mit den Merkmalen der verschiedenen Textsorten beschäftigen.
Der Text bietet sich dazu an, szenisch gelesen oder auch in eine Spielszene umgeschrieben (und dann gespielt) zu werden.

Kompetenztest

1. Stelle mit deinen eigenen Worten dar, welche Befürchtung der Wiesenbauer wegen Andrees und seiner Tochter Maren hat und warum.

_____

_____

_____

2. Nenne wichtige Charaktereigenschaften der Figur Wiesenbauer. Belege diese Eigenschaften aus dem Text heraus.

Der Wiesenbauer ist	Begründung bzw. Beleg aus dem Text

3. Erkläre, was es mit der Regentrude auf sich hat.

_____

_____

4. Kreuze an, um welche Textsorte es sich beim Text „Die Regentrude" handeln könnte. Begründe anschließend deine Einschätzung.

☐ Lügengeschichte   ☐ Märchen   ☐ Sage   ☐ Schwank

Begründung: _____

_____

_____

5. Ersetze in den beiden folgenden Sätzen das Anredepronomen „Euch" und seine Formen einmal durch das vertraute Anredepronomen und einmal durch das höfliche Anredepronomen. Schreibe die Sätze jeweils vollständig ab.

a) „Weil wir hier einmal beisammen sind, so will ich Euch auch sagen, der Andrees, Euer Junge, geht nach meiner Tochter!"

vertrautes Anredepronomen: _____

_____

höfliches Anredepronomen: _____

_____

Texte und Bilder für den Deutschunterricht 5/6

b) „Nun, Mutter Stine, so setzt Euch hin und besinnt Euch auf Euer Sprüchlein."

   vertrautes Anredepronomen: _____

   _____

   höfliches Anredepronomen: _____

   _____

6. Schreibe die folgenden Verbformen aus dem Text in die richtige Spalte der Tabelle und bilde
jeweils die anderen Formen.

hat gegeben – standen – hatten gefüllt

Plusquam-perfekt	Präteritum	Perfekt	Präsens	Futur I

Das Zeichen der Vier

Arthur Conan Doyle

KV 18a   TEXT   S. 28

Der Text enthält zahlreiche dass-Sätze, sodass er gut im Zusammenhang mit der Behandlung
dieser Konjunktion bzw. allgemein bei der Behandlung oder Wiederholung der [s]-Schreibung (vgl.
dazu auch Aufgabe 6) Verwendung finden kann.

Kompetenztest

1. Kreuze an, welche Aussagen über den Inhalt des Textes „Das Zeichen der Vier" zutreffen und
welche nicht.

Aussagen über den Inhalt des Textes „Das Zeichen der Vier"		richtig	falsch
a)	Sherlock Holmes hat einen kleinen Klumpen rötlicher Erde an der Fußsohle von Watson gesehen und daraus geschlossen, dass er in der Wigmorestraße auf der Post gewesen ist.	☐	☐
b)	Watson bezweifelt zunächst Holmes' Schlussfolgerung und glaubt, dass dieser ihn beim Betreten der Post in der Wigmorestraße gesehen hat.	☐	☐
c)	Nachdem Holmes ihm seine Schlussfolgerungen bezüglich des Postbesuchs erklärt hat, findet Watson die Sache nicht nur einleuchtend, sondern sogar sehr einfach.	☐	☐
d)	Um Holmes Behauptung, dass Menschen den Gegenständen, die sie täglich in Gebrauch haben, den Stempel ihrer Persönlichkeit aufdrücken, einer Prüfung zu unterziehen, gibt er ihm eine Taschenuhr.	☐	☐
e)	Holmes gelingt es jedoch nicht, aus der Taschenuhr plausible Schlussfolgerungen über ihren ehemaligen Besitzer abzuleiten, da die Uhr erst kürzlich gereinigt worden ist.	☐	☐

2. Erkläre, weshalb sich Watson zunächst über Holmes` Schlussfolgerungen bezüglich der
Taschenuhr so aufregt.

_____

_____

_____

_____

3. Ergänze das Wortfeld „sehen" um mindestens zehn weitere Verben bzw. Ausdrücke.

Wortfeld „sehen": beobachten, betrachten, _____

_____

_____

4. Erstelle eine Wortfamilie zum Verb „schließen" mit mindestens zehn Mitgliedern.

Wortfamilie „schließen": _____

_____

_____

5. Markiere in den folgenden Sätzen aus dem Text die Attribute.

   a) es kann jedoch dazu dienen, die Grenzen der Beobachtung und der Schlussfolgerung
      festzustellen

   b) Die Beobachtung sagt nur, dass ein kleiner Klumpen rötlicher Erde an Ihrer Fußsohle klebt.

   c) Nun wird aber gerade beim Postamt in der Wigmorestraße das Pflaster ausgebessert, und
      dabei ist die ausgeworfene Erde vor den Eingang zu liegen gekommen.

   d) In ihrem offenen Pult dort liegt auch noch ein Vorrat von Briefmarken und Postkarten.

6. Setze in die Lücken des folgenden Ausschnittes die richtige [s]-Schreibung ein – natürlich ohne
in der Textvorlage nachzusehen. Achte dabei auch auf die richtige Groß- und Kleinschreibung.

„Nein, nein: ich rate nie. Da____ i____t eine widerwärtige Gewohnheit, die jede logische

Fähigkeit zerstört. Die Sache erscheint Ihnen nur sonderbar, weil ____ie weder meinem

Gedankengang folgen, noch die kleinen Anzeichen beobachten, die zu gro____en

Schlu____folgerungen führen können. Wie bin ich zum Beispiel zu der Ansicht gelangt,

da____ Ihr Bruder nachlä____ig war? – Betrachten ____ie einmal den Deckel der Uhr genau.

Sie werden bemerken, da____ er nicht allein unten an zwei Stellen eingedrückt i____t, sondern

auch voller Schrammen und Krätzer – eine Folge der Gewohnheit, andere harte Gegenstände,

wie Münzen oder Schlü____el, in derselben Tasche zu tragen. Wer aber eine so kostbare Uhr

auf solche Wei____e behandelt, mu____ ein nachlä____iger Mensch sein. Um da____ zu

erkennen, bedarf es keines gro____en Scharfsinns. Ebenso wenig ist es ein weither geholter

Schlu____, da____ der Erbe eines so wertvollen Gegenstandes auch im Übrigen in ziemlich

guter Lage i____t."

Der Floh

Kurt Tucholsky

KV 19a   TEXT   S. 30

Die Anekdote von Tucholsky kann zunächst zum Anlass genommen werden, die Merkmale der Textsorte zu bestimmen (hauptsächlich: Pointe, inhaltlich auf das Wesentliche reduziert, die scharfe Charakterisierung mindestens einer Person); die Schüler könnten hier auch weitere (alltagssprachliche) Anekdoten sammeln, vergleichen und gegen Witze abgrenzen. Des Weiteren kann im Zusammenhang mit dem Textsortenmerkmal „Charakterisierung einer Person" der Unterschied zwischen direkter und indirekter Charakterisierung angesprochen werden (der kluge Graf).

Pippi geht in die Schule

Astrid Lindgren

KV 20a   TEXT   S. 31

Zur Figur der Pippi vgl. auch den Bildteil S. 60 sowie die entsprechenden Erarbeitungshinweise auf S. 125.

Kompetenztest

1. Ergänze im folgenden Textauszug jeweils die richtige s-Schreibung.

Pünktlich um zehn Uhr am nächsten Tag hob sie ihr Pferd von der Veranda, und eine Weile

später stürzten alle Leute in der kleinen Stadt an die Fenster, um zu sehen, wa____ für ein

Pferd da durchgegangen war. Da____ hei____t, sie glaubten, da____ es durchgegangen wäre.

Aber da____ war es nicht. Es war nur Pippi, die es etwas eilig hatte, in die Schule zu kommen.

In ra____endem Galopp sprengte sie auf den Schulhof, sprang mitten im Galopp vom Pferd,

band es an einen Baum und ri____ die Tür zum Klassenzimmer mit einem Ruck auf,

soda____ Tommy und Annika und ihre netten Klassenkameraden in ihren Bänken aufsprangen.

2. Erkläre allgemein, wann man einen [s]-Laut mit „s", „ss" und „ß" in der Schrift wiedergibt. Gib für jeden Buchstaben bzw. die Buchstabenkombination „ss" ein Beispiel aus dem Text zu Aufgabe 1 an (ohne „das", „was" und „dass").

	Schreibregel	Beispielwort aus dem Text
„s"		
„ss"		
„ß"		

3. Nenne bzw. erkläre eine Probe, mit der man herausfinden kann, ob „dass" oder „das" geschrieben werden muss.

_____

_____

4. Gib an, wo der Text zu Aufgabe 1 im Auszug „Pippi geht in die Schule" ausgelassen wurde.

_____

_____

5. Schreibe aus dem Text alle Wörter heraus, die zum Wortfeld „sagen" gehören. Ergänze anschließend das Wortfeld um weitere zehn Wörter.

Wörter des Wortfeldes „sagen" im Text: _____

_____

weitere Wörter des Wortfeldes „sagen": _____

_____

_____

6. Aus welchen Gründen geht Pippi wohl an diesem Morgen in die Schule? Nenne (mögliche) Gründe. Beziehe dich in deiner Antwort auf den Text.

_____

_____

_____

_____

_____

Eine gemütliche Wohnung

Paul Maar

 KV 21a

 TEXT S.32

Kompetenztest

1. Kreuze an, welche Aussagen über den Inhalt des Textes „Eine gemütliche Wohnung" zutreffen und welche nicht.

Aussagen über den Inhalt des Textes „Eine gemütliche Wohnung"	richtig	falsch
a) Der Ich-Erzähler will einen Elektriker anrufen, weil sein Kühlschrank nicht mehr funktioniert.	☐	☐
b) Erst der dritte Elektriker, den er anruft, verspricht, sofort am nächsten Morgen zu kommen.	☐	☐
c) Der Elektriker heißt Ludger Knorps und ist ein sehr freundlicher Mann.	☐	☐
d) Der Elektriker hat den Kühlschrank zunächst so repariert, dass es im Tiefkühlfach heiß ist und der Kühlschrank beim Öffnen der Tür Musik spielt.	☐	☐
e) Weil es dem Elektriker nicht gelingt, alle elektrischen Geräte richtig zu reparieren, kommt es immer wieder zum Streit mit dem Ich-Erzähler.	☐	☐

2. Bestimme die Textsorte, zu der der Text „Eine gemütliche Wohnung" gehört. Begründe deine Meinung.

_____

_____

_____

_____

3. Benenne, woran der Ich-Erzähler hätte erkennen können, dass mit Herrn Knorps etwas nicht stimmt?

_____

_____

_____

4. Unterstreiche in den folgenden Sätzen aus dem Text alle Adverbien.

a) Wenn man heutzutage einen Handwerker bestellt, muss man meistens lange herumtelefonieren.

b) Neulich ging unser Kühlschrank nicht mehr.

c) Es war gerade ziemlich heiß.

d) Mir wurde fast schwindelig von den vielen Drähtchen.

5. Untersuche das folgende Satzgefüge und unterstreiche alle Nebensätze. Kreuze anschließend an, wie viele Nebensätze das Gefüge enthält.

Wenn man heutzutage einen Handwerker bestellt, weil irgendetwas in der Wohnung repariert werden soll, muss man meistens lange herumtelefonieren, bis man einen findet, der Zeit hat zu kommen.

☐ zwei Nebensätze ☐ drei Nebensätze ☐ vier Nebensätze ☐ fünf Nebensätze

6. Kreuze an, ob es sich bei den markierten Einleitungswörtern der Nebensätze um Relativpronomen oder um Konjunktionen handelt.

a) Am nächsten Morgen, <u>als</u> ich gerade mit meinen Kindern beim Mittagessen saß, klingelte es. – ☐ Relativpronomen, ☐ Konjunktion

b) Ich hatte vorher nicht gewusst, <u>dass</u> so viele Drähte, Kabel, Sicherungen und Widerstände in einem einzigen Kühlschrank stecken. – ☐ Relativpronomen, ☐ Konjunktion

c) Mir wurde fast schwindelig von den vielen Drähtchen, <u>die</u> er da aus unserem Kühlschrank herauszog, – ☐ Relativpronomen, ☐ Konjunktion

d) Wir zogen den Kühlschrankstecker aus der Steckdose, <u>damit</u> der Kühlschrank nicht zu heiß wurde, – ☐ Relativpronomen, ☐ Konjunktion

e) Es zeigte sich nämlich, dass jetzt aus dem Elektroherd laute Musik ertönte, <u>sobald</u> man ihn anstellte. – ☐ Relativpronomen, ☐ Konjunktion

f) und dann spielen wir Karten, <u>bis</u> der Mixer zwölf Uhr schlägt. – ☐ Relativpronomen, ☐ Konjunktion

Bahnhofsgeister
Monika Feth

KV 22a ▶   TEXT ▶ S. 33

Kompetenztest

1. Erkläre die beiden folgenden Wörter nach ihrer Bedeutung im Text.

a) hellauf: _____

b) Zugfreak: _____

2. Nenne aus dem Text drei Gründe, weshalb Mele zunächst nicht in den Bahnhof ziehen wollte.

_____

_____

_____

3. Kreuze an, welche Aussagen über den Inhalt des Textes „Bahnhofsgeister" zutreffen und welche nicht.

Aussagen über den Inhalt des Textes „Bahnhofsgeister"		richtig	falsch
a)	Die Eltern von Mele und Josse haben lange gesucht, bis sie den alten Bahnhof gefunden haben.	☐	☐
b)	Ursprünglich wollten die Eltern von Mele und Josse in eine nicht mehr benutzte Schule ziehen.	☐	☐
c)	Meles Bruder Josse wollte zuerst auch nicht in den stillgelegten Bahnhof ziehen, weil dort keine Züge mehr vorbeikamen.	☐	☐
d)	Das einzige Buch, in dem Meles Bruder Josse freiwillig liest, ist das Kursbuch.	☐	☐
e)	Ungefähr ein halbes Jahr, nachdem die Eltern den Kaufvertrag unterschrieben haben, konnte die Familie einziehen.	☐	☐
f)	Bevor die Familie in den Bahnhof einziehen konnte, musste zuerst das Gebäude unterkellert werden.	☐	☐
g)	Die Leute aus dem Ort haben Meles Familie erzählt, dass seit fünf Jahren kein Zug mehr an diesem Bahnhof vorbeigefahren sei.	☐	☐
h)	Mele hatte ihr merkwürdiges Erlebnis bereits in der zweiten Nacht im neuen Haus.	☐	☐

4. Stelle dar, wie es dem Erzähler gelingt, Spannung zu erzeugen? Belege deine Antwort mit Beispielen.

_____

_____

_____

_____

5.* Bestimme die Adverbiale nach dem Umstand, den sie näher bezeichnen.

a) <u>In der zweiten Nacht</u> im neuen Haus schreckte Mele aus dem Schlaf.
   ☐ Adverbial der Art und Weise   ☐ Adverbial des Grundes
   ☐ Adverbial der Zeit   ☐ Adverbial des Ortes

b) In der zweiten Nacht <u>im neuen Haus</u> schreckte Mele aus dem Schlaf.
   ☐ Adverbial der Art und Weise   ☐ Adverbial des Grundes
   ☐ Adverbial der Zeit   ☐ Adverbial des Ortes

c) <u>Noch ganz benommen</u> taumelte sie hinunter in die Küche.
   ☐ Adverbial der Art und Weise   ☐ Adverbial des Grundes
   ☐ Adverbial der Zeit   ☐ Adverbial des Ortes

d) Noch ganz benommen taumelte sie hinunter <u>in die Küche.</u>
   ☐ Adverbial der Art und Weise   ☐ Adverbial des Grundes
   ☐ Adverbial der Zeit   ☐ Adverbial des Ortes

6. Erläutere, weshalb die markierten Wörter jeweils groß- bzw. kleingeschrieben werden müssen.

a) Aber die Eltern hatten schon immer einen Hang zum <u>Besonderen</u> gehabt. _____

_____

b) Und dann hatte der Vater den kleinen alten Landbahnhof entdeckt, weitab vom Schuss. In einem der Nachbarorte war ein <u>größerer</u> gebaut worden und nun stand das Gebäude zum Verkauf.

_____

_____

Die gar traurige Geschichte mit dem Feuerzeug

KV 23a ▶   TEXT ▶
S. 34

Heinrich Hoffmann

Der Text aus der berühmten Geschichtensammlung „Der Struwelpeter" (1845) wird auch in neuer Rechtschreibung angeboten (s. S. 36). Die alte Schreibung bietet die Möglichkeit, dass die Schülerinnen und Schüler (ggf. in Gruppen) nach veralteten Schreibungen suchen und diese korrigieren.

Kompetenztest

1. Fasse kurz den Inhalt des Textes zusammen.

_____

_____

_____

_____

2. Erkläre, an wen sich Heinrich Hoffmann mit seiner Geschichte wendet und was er erreichen möchte.

_____

_____

3. Erkläre, was das Wort „gar" im Titel der Geschichte bedeutet.

_____

a) Nenne die andere Bedeutung, die das Wort „gar" auch haben kann. Nimm die Sätze aus Aufgabe b) zu Hilfe.

_____

b) Entscheide in den beiden folgenden Sätzen, wie die Verbindungen mit „gar" geschrieben werden müssen (zusammen oder getrennt).

Das ist (gar/nicht) _____ so schwer, also (gar/kein) _____ Problem.

Du solltest dich nicht (gar/so) _____ wichtig nehmen.

c) Formuliere die Regel für die Schreibung von „gar".

_____

4. Markiere in den folgenden Versen die Verbform und bestimme ihr Tempus.

a) Paulinchen war allein zu Haus – Tempus: _____

b) Als sie nun durch das Zimmer sprang – Tempus: _____

c) Der Vater hat´s verboten! – Tempus: _____

d) Doch weh! Die Flamme fasst das Kleid – Tempus: _____

5. Erläutere, warum im folgenden Vers die beiden Ausrufezeichen jeweils gesetzt wurden.

Lass stehn! Sonst brennst du lichterloh!

_____

_____

Das Rabennest

Wilhelm Busch

KV 24a ▶   TEXT ▶
S. 37

Vor der Bearbeitung von Aufgabe 1 könnte die Geschichte anhand der Bilder mündlich erzählt werden. Aufgabe 2 wäre dann schriftlich (auch in Partner- oder Gruppenarbeit) auszuarbeiten.

Aufgaben

1. Wilhelm Busch hat seine Bildergeschichte mit Verspaaren selbst erzählt. Ordne den folgenden Verspaaren jeweils das passende Bild zu.

Im Nest die jungen Raben,
Die werden wir gleich haben.

Bild: _____

Sie schreien im Vereine,
Man sieht nur noch die Beine!

Bild: _____

Der Hund und auch der Jägersmann,
Die haben schwarze Stiefel an.

Bild: _____

Der Jäger kommt an diesen Ort
Und spricht zu seinem Hund: „Apport!"

Bild: _____

Der Jäger muss sich selbst bemühn,
Den Knaben aus dem Sumpf zu ziehn.

Bild: _____

Da fällt die Leiter um im Nu,
Die Raben sehen munter zu.

Bild: _____

„Nun hole auch den andern her!"
Der Schlingel aber will nicht mehr.

Bild: _____

Zwei Knaben, jung und heiter,
Die tragen eine Leiter.

Bild: _____

Zur Hälfte sind die Knaben
So schwarz als wie die Raben.

Bild: _____

Die Raben in dem Rabennest
Sind aber kreuzfidel gewest.

Bild: _____

Den Knaben apportiert der Hund,
Der Jäger hat die Pfeif' im Mund.

Bild: _____

2. Erzähle die Bildergeschichte nun mit deinen eigenen Worten.

Schach dem Vater

e. o. plauen

KV 25a   TEXT S. 39

Die Geschichte des aus Plauen stammenden Erich Ohser (daher das Pseudonym e. o. plauen) eignet sich nicht nur gut zur mündlichen und schriftlichen Erzählung, sondern auch zur Beschreibung der Körpersprache sowie der Mimik. Diskutiert werden könnte außerdem, ob der Sohn die Strafe verdient hat bzw. inwieweit er sich schuldig gemacht hat.

Donnerlied

Justus Georg Schottelius

KV 26a   TEXT S. 40

Das undatierte Gedicht von Justus Georg Schottelius (1612–1676) eignet sich besonders gut zum Vortrag bzw. als Sprechübung – dies auch mit zwei Sprechern bzw. Chören, wobei einmal der Haupttext laut gesprochen und einmal begleitend dazu strophenweise lautmalerische Verse (vgl. Aufgabe 2) gesprochen werden können.

Kompetenztest

1. Gib den fünf Strophen jeweils eine kurze Überschrift, die sich auf den Inhalt bezieht.

Strophe 1: _____

Strophe 2: _____

Strophe 3: _____

Strophe 4: _____

Strophe 5: _____

2. Stelle dar, mit welchen lautmalerischen Mitteln Schottelius in seinem Gedicht arbeitet.

_____

_____

_____

3. Vergleiche die heutige Fassung der ersten Strophe mit der Originalfassung.

heutige Fassung	Originalfassung
Schwefel, Wasser, Feuer und Dampf Wollen halten einen Kampf. Dicker Nebel dringt gedickt, Licht und Luft ist fast erstickt.	Swefel/Wasser/Feur und Dampf Wollen halten einen Kampf. Dikker Nebel dringt gedikkt, Licht und Luft ist fast erstikkt.

a) Benenne die Unterschiede in der Rechtschreibung.

_____

_____

_____

b) Stelle dar, welche Auswirkung die Erweiterung von „Feur" auf „Feuer" im ersten Vers auf das Metrum hat.

_____

4. Markiere in den folgenden Versen die betonten Silben und benenne das Metrum.

Drauf der Donner brummt und kracht,
rasselt, rollet hin mit Macht,

Metrum: _____

5. Benenne die sprachlichen Auffälligkeiten in den folgenden Versen.

a) <u>Dick</u>er Nebel dringt <u>gedickt</u> _____

_____

b) <u>Bald</u> das Blitzen wieder kommt / <u>Und</u> der Donner rollend brummt. / <u>Bald</u> hereilt ein

Windesbraus / <u>Und</u> dem Wetter macht Garaus. _____

_____

Das Pferd und die Bremse
Christian Fürchtegott Gellert

KV 27a   TEXT

S. 40

Kompetenztest

1. Erkläre die Bedeutung der folgenden Wörter im Textzusammenhang.

a) Gebärden: _____

b) Geschmeiße: _____

c) scheust: _____

d) Niedern: _____

Texte und Bilder für den Deutschunterricht 5/6

2. Fasse den Inhalt des Gedichtes kurz zusammen.

_____

_____

_____

3. Kreuze an, mit welcher Textsorte das Gedicht deiner Meinung nach die größte Ähnlichkeit hat. Begründe deine Antwort kurz.

a) Märchen ☐   b) Fabel ☐   c) Sage ☐   d) Schwank ☐

Begründung: _____

_____

_____

4. Schreibe aus dem Text alle Adjektive heraus (Adjektive, die mehrfach vorkommen, schreibst du entsprechend oft auf). Beziehe deine Liste auf die Aussage des Gedichtes.

Adjektive im Gedicht: _____

_____

_____

Bezug zur Aussage des Gedichtes: _____

_____

_____

_____

5. In der folgenden Passage verzichtet Gellert auf die Zeichensetzung zur Kennzeichnung einer wörtlichen (direkten) Rede. Schreibe die Rede ab und ergänze die fehlenden Satzzeichen.

> _Geschmeiße! sprach das wilde Ross,_
> _Du scheust dich nicht vor meinem Zaume?_
> _Wo bleibt die Ehrfurcht gegen mich?_
> _Wie? Darfst du wohl ein Pferd erbittern?_
> _Ich schüttle nur: so musst du zittern._

_____

_____

_____

_____

_____

Herbstlied

Johann Gaudenz von Salis-Seewis

KV 28a · TEXT S.41

Das 1782 entstandene und ursprünglich siebenstrophige Gedicht des Schweizer Autors, das gelegentlich auch unter dem Titel „Bunt sind schon die Wälder" zitiert wird, wurde – vor allem in der fünfstrophigen Fassung – auch mehrfach vertont; Aufnahmen finden sich leicht im Internet, sodass zu dem Lied auch ein anderer Zugang gewählt werden kann.

Aufgaben

1. Markiere in der ersten Strophe des Gedichts die betonten Silben und benenne das Metrum.

> *Bunt sind schon die Wälder,*
> *Gelb die Stoppelfelder*
> *Und der Herbst beginnt.*
> *Rote Blätter fallen,*
> *Graue Nebel wallen,*
> *Kühler weht der Wind.*

Metrum: _____

2. Ermittle und beschreibe das Reimschema des Gedichts. Kennzeichne dazu die unterschiedlichen Reime mit Buchstaben (a, b …).

_____

3. Schreibe aus dem Gedicht alle Adjektive heraus und ordne sie nach ihrem Inhalt in Gruppen an. Benenne, was dir auffällt.

_____

_____

_____

_____

Gefunden

Johann Wolfgang von Goethe

KV 29a · TEXT S.41

Klassenarbeitsvorschlag

1. Beschreibe Aufbau, Inhalt und Sprache des Gedichtes „Gefunden" von Johann Wolfgang von Goethe.

2. Stelle eine Vermutung über die Deutung des Gedichtes an und begründe sie mithilfe des Gedichttextes.

Erlkönig

Johann Wolfgang von Goethe

KV 30a   TEXT   S. 42

Kompetenztest

1. Notiere stichwortartig in der Tabelle, was das Kind wahrnimmt und welche Erklärung der Vater dafür hat.

Wahrnehmung des Kindes	Erklärung des Vaters
– sieht den Erlkönig	–
–	–
–	–

2. Nenne die Mittel, mit denen der Erlkönig den Knaben gewinnen will.

_____

_____

_____

3. Stelle dar, wie es Goethe gelingt, in dem Gedicht eine grausig-schaurige Stimmung zu erzeugen? Belege deine Antwort mit Beispielen.

_____

_____

_____

_____

_____

_____

4. Welche Aussagen über die formale Gestaltung des Gedichts „Erlkönig" treffen zu? Kreuze die richtigen Antworten an. (*)

Aussagen über die formale Gestaltung des Gedichts „Erlkönig"	richtig	falsch
a) Alle acht Strophen des Gedichtes bestehen aus je vier Versen mit Paarreimen.	☐	☐
b) In dem Gedicht tritt als Sprecher ein „lyrisches Ich" hervor, ein Adressat wird dagegen nicht benannt.	☐	☐
c) Das Gedicht folgt in seinem Metrum einem fünfhebigen trochäischen Grundmuster.	☐	☐
d) Der Rhythmus des Gedichtes folgt nur an wenigen Stellen dem zugrunde liegenden Metrum.	☐	☐

5.*Ordne die folgenden sechs Wörter (hier in der Reihenfolge ihres Vorkommens) aus dem Gedicht nach ihrer Bedeutung zu drei Paaren. Erläutere jeweils, weshalb du das Paar gebildet hast.

Vater – Knabe – Sohn – Kind – Mutter – Tochter

Paar 1: _____   – Begründung: _____

_____

Paar 2: _____   – Begründung: _____

_____

Paar 3: _____   – Begründung: _____

_____

6. Benenne, welches Stilmittel in den folgenden Versen vorkommt, bzw. beschreibe die Besonderheit der Sprachverwendung. (**)

a) „Er hat den Knaben wohl in dem Arm, / Er hält ihn sicher, er hält ihn warm.": _____

_____

b) „Er hält ihn sicher, er hält ihn warm.": _____

_____

c) „Meine Mutter hat manch gülden Gewand.": _____

_____

d) „Und wiegen und tanzen und singen dich ein.": _____

_____

e) „Mein Vater, mein Vater …": _____

Fink und Frosch

Wilhelm Busch

 KV 31a    TEXT S.42

Der Gedichttext kann auch kreativer Schreibanlass sein, indem die Schüler die Fabel als Erzählung (aus der Perspektive des Frosches) wiedergeben.

Kompetenztest

1. Fasse kurz zusammen, was in dem Gedicht erzählt wird.

_____

_____

_____

Texte und Bilder für den Deutschunterricht 5/6

2. Kreuze an, mit welcher Textsorte das Gedicht deiner Meinung nach die größte Ähnlichkeit hat. Begründe deine Antwort kurz.

a) Märchen ☐   b) Fabel ☐   c) Sage ☐   d) Lügengeschichte ☐

Begründung: _____

_____

3. Kreuze an, welches der folgenden Sprichwörter die Moral der Geschichte am besten zusammenfasst.

a) Reden ist Silber, Schweigen ist Gold. – ☐
b) Der Klügere gibt nach. – ☐
c) Wer andern eine Grube gräbt, fällt selbst hinein. – ☐
d) Hochmut kommt vor dem Fall. – ☐
e) Frisch gewagt ist halb gewonnen. – ☐

4. Bestimme die Wortart aller Wörter aus den Versen drei und vier.

Wort	Wortart		Wort	Wortart
Ein			bis	
Laubfrosch			auf	
klettert			des	
mühsam			Baumes	
nach			Blätterdach	

5. Schreibe die folgenden Sätze ab und setze die fehlenden Satzzeichen. Achtung: Der Gedichttext gibt dir zwar Hinweise auf die Zeichensetzung, doch ist Satz a) nicht genau gleich wie der entsprechende Satz im Gedicht.

a) Juchheija, heija spricht der Fink fort flieg ich flink! _____

_____

b) Der Fink spricht Juchheija, heija, fort flieg` ich flink! _____

_____

c) Juchheija, heija, fort flieg` ich flink! spricht der Fink. _____

_____

Der Mops

Ludwig Heinrich von Nikolay

KV 32a   TEXT

S. 43

Kompetenztest

1. Fasse kurz den Inhalt des Gedichts zusammen.

_____

_____

_____

_____

_____

2. Formuliere eine Lehre aus dem Gedicht.

_____

_____

_____

3. Handelt es sich bei dem Gedicht „Der Mops" deiner Meinung nach um eine Fabel in Versform? Begründe deine Meinung.

_____

_____

_____

_____

4. *Bestimme bei allen Verbformen im folgenden Verspaar aus dem Text das Tempus und erläutere seine Verwendung.

> *Mops glaubt`, des Mondes sanftes Licht*
> *Sei schuld an seinem Fall, und war's doch nicht.*

_____

_____

_____

5. Markiere im folgenden Satzgefüge die Nebensätze.

> *Und als er endlich der Gefahr*
> *Des Todes kaum entronnen war,*
> *So stellt er sich recht mitten auf die Gasse*
> *und fängt euch da ein Schelten an,*
> *dass man sein eignes Wort nicht hören kann.*

Die Stadt
Theodor Storm

KV 33a    TEXT  S.43

Kompetenztest

1. Fasse kurz zusammen, wie der Sprecher im Gedicht die Stadt beschreibt und welche
Einstellung (Beziehung) er zu ihr hat.

_____

_____

_____

_____

2. Ermittle und beschreibe das Reimschema des Gedichts. Kennzeichne dazu die
unterschiedlichen Reime mit Buchstaben (a, b …).

_____

3. Markiere in der ersten Strophe des Gedichts die betonten Silben. Erkläre, wie der letzte Vers
vom Schema abweicht.

> *Am grauen Strand, am grauen Meer*
> *Und seitab liegt die Stadt;*
> *Der Nebel drückt die Dächer schwer,*
> *Und durch die Stille braust das Meer*
> *Eintönig um die Stadt.*

_____

_____

4. Beschreibe die Besonderheit der Stellung der in den folgenden Versen aus der ersten Strophe
markierten Wörter.

a) Vers 1 und 4: Am grauen Strand, am grauen <u>Meer</u> / … / Und durch die Stille braust das <u>Meer</u> –

Besonderheit: _____

b) Vers 2 und 4: <u>Und</u> seitab liegt die Stadt; / … / <u>Und</u> durch die Stille braust das Meer –

Besonderheit: _____

5. Beschreibe die lautliche Besonderheit im folgenden Vers. Nenne aus dem Gedicht ein weiteres
Beispiel für diese Art des Sprachgebrauchs.

> *<u>D</u>er Nebel <u>d</u>rückt <u>d</u>ie <u>D</u>ächer schwer,*

lautliche Besonderheit: _____

weiteres Beispiel: _____

 Texte und Bilder für den Deutschunterricht 5/6

Herr von Ribbeck auf Ribbeck im Havelland

Theodor Fontane

 KV 34a

 TEXT S. 44

Kompetenztest

1. Erkläre, warum sich der alte Herr von Ribbeck eine Birne mit ins Grab geben lässt.

_____

_____

_____

_____

2. Übersetze die folgenden niederdeutsch verfassten Verse ins Hochdeutsche („Beer" = „Birne", „lütt" = „klein").

a) „Junge, wist' ne Beer?" _____

b) „Lütt Dirn, / Kumm man röwer, ick hebb' ne Birn." _____

_____

c) „He is dod nu. Wer giwt uns nu 'ne Beer?" _____

_____

3. Beschreibe den formalen Aufbau des Gedichtes (Zahl der Strophen, Verse und Reim).

_____

_____

_____

4. Markiere in den folgenden Sätzen jeweils die adverbialen Bestimmungen.

a) Und drei Tage drauf, aus dem Doppeldachhaus, / Trugen von Ribbeck sie hinaus
b) Der neue freilich, der knausert und spart, / Hält Park und Birnbaum strenge verwahrt
c) Und in der goldnen Herbsteszeit / Leuchtet's wieder weit und breit.

5. Gib die folgende wörtliche Rede einmal so wieder, dass der Redebegleitsatz in die wörtliche Rede eingefügt ist, und einmal so, dass er ihr nachfolgt.

Er rief: „Lütt Dirn,
Kumm man röwer, ick hebb' ne Birn."

a) Redebegleitsatz eingefügt: _____

_____

b) Redebegleitsatz folgt: _____

 Texte und Bilder für den Deutschunterricht 5/6

Die Schaukel

Heinrich Seidel

KV 35a    TEXT
S. 44

Das Gedicht eignet sich gut zur Einführung sowohl der Reime als auch des Metrums – gerade weil mit dem Schweifreim und den daktylischen Hebungen und Senkungen nicht so häufige Gestaltungsmittel zusammentreffen.

Aufgaben

1. Stelle dar, wer im Gedicht spricht und wie er sich fühlt.

_____

_____

_____

2. Suche am Versende Wörter, die sich reimen. Markiere die unterschiedlichen Reime mit unterschiedlichen Farben.

> *Wie schön sich zu wiegen,*
> *Die Luft zu durchfliegen*
> *Am blühenden Baum!*
> *Bald vorwärts vorüber,*
> *Bald rückwärts hinüber, –*
> *Es ist wie ein Traum!*

3. Markiere in der zweiten Strophe des Gedichts alle betonten Silben. Sprich anschließend die Strophe (falls möglich, laut).

> *Die Ohren, sie brausen,*
> *Die Haare, sie sausen*
> *Und wehen hintan!*
> *Ich schwebe und steige*
> *Bis hoch in die Zweige*
> *Des Baumes hinan.*

Der Werwolf

Christian Morgenstern

KV 36a    TEXT
S. 45

Das Gedicht eignet sich gut zur Behandlung der Wortarten und ihrer genaueren Bestimmung sowie ggf. der Kasus.

Aufgaben

1. Erkläre, weshalb es „Wer" nur im Singular gibt (und im Plural überhaupt nicht geben kann).

_____

_____

2. Bestimme die Wortart der folgenden Wörter aus dem Gedichttext möglichst genau (d. h., gib z. B. bei Pronomen auch an, um welche Art von Pronomen es sich genau handelt).

a) eines:_____ b) sich: _____

c) ihn:_____ d) seines: _____

e) wie:_____ f) doch: _____

g) von:_____ h) man: _____

3. Schreibe für jeden Kasus ein Beispiel aus dem Text heraus (ohne „Werwolf", „Weswolfs", „Wemwolf", „Wenwolf").

a) Nominativ:_____ b) Genitiv: _____

c) Dativ:_____ d) Akkusativ: _____

Neue Bildungen, der Natur vorgeschlagen

KV 37a ▶  TEXT ▶ S. 45

Christian Morgenstern

Aufgaben

1. Beschreibe, mit welchen sprachlichen „Tricks" Christian Morgenstern arbeitet.

_____

_____

2. Untersuche die Bildungen genauer, indem du die Wortbildungselemente auflöst und nach der Wortart geordnet in die Übersicht übernimmst (den „Werfuchs", die „Tagtigall" und das „Rhinozepony" kannst du auslassen).

Nomen	Ochse, Spatz, Kamel,
Adjektiv	
Verb	

3. Stelle aus den Wörtern der Tabelle (Aufgabe 2) zehn neue Bildungen als Vorschläge für die Natur (z. B. „Schmalzblumenkamel", „Walspatz", „Spielmops" usw.) zusammen.

_____

_____

_____

4. Beschreibe ein Tier deiner Wahl (entweder von Morgenstern oder eines deiner Tiere, vgl. Aufgabe 3) in einem zusammenhängenden Text. Achte drauf, dass du dich in deinem Text an eine sinnvolle Reihenfolge der Merkmale hältst. Arbeite in deinem Heft.

© 2014 Cornelsen Schulverlage GmbH, Berlin. Alle Rechte vorbehalten.

Cornelsen Texte und Bilder für den Deutschunterricht 5/6

Die Diele knackt

Arno Holz

 KV 38a    TEXT S.46

Das kurze Gedicht aus dem „Phantasus"-Zyklus (1898/99) eignet sich gut als Schreibanlass zur Schilderung gruseliger Situationen (die Schüler müssen für ihre Texte nicht die Gedichtform wählen). Zuvor sollten die Schüler das Gedicht kurz beschreiben und erläutern, was hier warum spannend und gruselig wirkt.

Die Ameisen

Joachim Ringelnatz

 KV 39a    TEXT S.47

Aufgaben

1. Welche Ähnlichkeiten mit einer Fabel weist das Gedicht auf, was unterscheidet es (abgesehen von der Gedichtform) von dieser Textsorte? Ergänze die Tabelle.

Gemeinsamkeiten mit einer Fabel	Unterschiede zu einer Fabel
–	–
–	–
–	–

2. Ermittle in den folgenden Sätzen alle Satzglieder und bestimme sie so genau wie möglich.

   a) In Hamburg lebten zwei Ameisen. _____

   _____

   b) Bei Altona taten ihnen die Beine weh. _____

   _____

   c) Sie verzichteten weise auf den letzten Teil der Reise. _____

   _____

3. Markiere in den beiden Schlussversen alle Adverbien.

   So will man oft und kann doch nicht
   Und leistet dann recht gern Verzicht.

Feuerwoge jeder Hügel

Georg Britting

 KV 40a

 TEXT S. 47

Kompetenztest

1. Fasse in deinen eigenen Worten zusammen, was in dem Gedicht beschrieben wird. Gehe dabei darauf ein, welche Wirkung das Gedichtes auf dich hatte.

_____

_____

_____

_____

2. Kreuze an, in welchem Reimschema das Gedicht abgefasst ist.

a) Paarreim ☐   b) Kreuzreim ☐   c) umarmender Reim ☐   d) Schweifreim ☐

3. Markiere in der ersten Strophe des Gedichtes die betonten Silben. Kreuze anschließend an, um welches Metrum es sich handelt.

> *Feuerwoge jeder Hügel,*
> *Grünes Feuer jeder Strauch,*
> *Rührt der Wind die Flammenflügel,*
> *Wölkt der Staub wie goldner Rauch.*

☐ dreihebiger Jambus   ☐ vierhebiger Jambus
☐ dreihebiger Trochäus   ☐ vierhebiger Trochäus

4. Erkläre die sprachliche Besonderheit in den folgenden Ausdrücken aus dem Gedicht.

a) Wölkt der Staub wie goldner Rauch _____

b) Schreiend kocht die Weizensaat _____

c) Feuerköpfige Blumen _____

5. Schreibe aus dem Gedicht alle Partizipien (Mittelwörter) in die richtige Spalte der Tabelle. Bilde jeweils die anderen Verbformen.

Infinitiv	Partizip I	Partizip II

Till narrt einen Wirt

KV 41a  TEXT ▶ S. 47

Die szenische Fassung der bekannten Eulenspiegelgeschichte „Till Eulenspiegel und der Wirt zu Bayreuth" eignet sich natürlich vor allem zur spielerischen Umsetzung, wobei sich die Schüler zunächst Klarheit darüber verschaffen sollten, wie die verschiedenen Äußerungen zu sprechen sind (z. B. freundlich, bestimmt, verdutzt …) und mit welchen non-verbalen Mitteln (Mimik, Gestik) sie unterstützt werden könnten.
Die Schüler könnten dann nach weiteren Eulenspiegelgeschichten suchen und diese (in Teilen) selbst in szenische Texte umschreiben und dann spielerisch umsetzen.

Das wohlfeile Mittagessen

KV 42a  TEXT ▶ S. 48

Der gleichnamigen Geschichte von Johann Peter Hebel, nach der diese szenische Fassung entstanden ist, schickt der Autor der eigentlichen Handlung folgende Bemerkung voraus:
Es ist ein altes Sprichwort: Wer andern eine Grube gräbt, fällt selber darein.
Und er schließt seinen Text so:
So waren in Grunde beide hintergangen, und der Dritte hatte den Nutzen davon. Aber der listige Kunde hätte sich noch obendrein einen schönen Dank von beiden verdient, wenn sie eine gute Lehre daraus gezogen, und sich miteinander ausgesöhnt hätten. Denn Frieden ernährt, aber Unfrieden verzehrt.

Aufgaben

1. Kreuze die Textsorte an, mit der die Spielszene die größte Ähnlichkeit hat. Begründe anschließend deine Meinung.

   ☐ Lügengeschichte   ☐ Märchen   ☐ Sage   ☐ Schwank

   Begründung: _____
   _____

2. Kreuze an, welches der folgenden Sprichwörter sich auf die Spielszene beziehen lässt. Begründe deine Meinung.

   a) Wenn zwei sich streiten, freut sich der Dritte. – ☐
   b) Der Klügere gibt nach. – ☐
   c) Wer andern eine Grube gräbt, fällt selbst hinein. – ☐
   d) Hochmut kommt vor dem Fall. – ☐
   e) Frisch gewagt ist halb gewonnen. – ☐

   Begründung: _____
   _____
   _____
   _____
   _____

Tom streicht einen Zaun

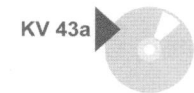 KV 43a    TEXT S.48

Kompetenztest

1. Erläutere in deinen eigenen Worten, wie Tom es schafft, dass Ben den Zaun für ihn streicht.

_____

_____

_____

_____

2. Erkläre, was die Jungen mit ihren Äußerungen jeweils erreichen wollen.

a) BEN: Hallo, alter Junge, Strafarbeit, was? _____

_____

b) TOM: Ach, du bist`s, Ben, ich hab` gerade gar nicht aufgepasst! _____

_____

3. Die folgenden Fragen sind wie Aussagen zu verstehen. Formuliere sie entsprechend als Aussagessätze.

a) Hör mal, ich geh schwimmen, willst du vielleicht mit? _____

_____

b) Ist das keine Arbeit? _____

_____

c) Kann unsereiner denn alle Tag `nen Zaun anstreichen? _____

_____

4. Gib mithilfe von Adjektiven (Eigenschaftswörtern) an, wie die folgenden Äußerungen gesprochen werden müssten.

a) BEN: Na, du willst mir doch nicht weismachen, dass du`s zum Vergnügen tust? _____

_____

b) BEN: Du, Tom, lass mich ein bisschen streichen! _____

c) TOM: Nein, nein, das würde nicht gehen, Ben, wirklich nicht. _____

5. _„Ja, wenn`s irgendwo dahinten wär`"_, sagt Tom. Notiere in den beiden folgenden Sätzen die Verbindung mit „irgend" in der richtigen Schreibung. Formuliere anschließend die allgemeine Regel für Schreibungen mit „irgend".

a) Hat (irgend/jemand) _____ noch (irgend/welche) _____ Fragen?

b) (Irgend/einer) _____ hat wieder (irgend/so/was) _____ Dummes

gesagt.

Regel: _____

_____

_____

6.* Schreibe die folgende Äußerung Toms so um, dass sie standardsprachlich korrekt ist.

> *Ben, wirklich, ich tät´s ja gern, aber Tante Polly – Jim hat´s tun wollen und Sid, aber die haben´s beide nicht gedurft. Siehst du nicht, wie ich in der Klemme stecke? Wenn du nun anstreichst und `s passiert was und der Zaun ist verdorben, dann …*

_____

_____

_____

_____

Die verflixte Rechenaufgabe

Otto Waalkes

KV 44a ▶   TEXT ▶
S. 49

Kompetenztest

1. Erkläre, wodurch in dem Sketch „Die verflixte Rechenaufgabe" Komik entsteht. Nenne Beispiele aus dem Text.

_____

_____

_____

_____

_____

2. *„Wofür brauch´ ich das denn?", fragt der Sohn seinen Vater.* Begründe, wie eine vernünftige Antwort auf diese berechtigte Frage aussehen könnte.

_____

_____

_____

_____

3. Begründe, ob man deiner Meinung nach sagen kann, der Vater habe die Aufgabe erfolgreich erklärt.

_____

_____

_____

_____

4. Ergänze das Wortfeld „teilen" um mindestens zehn weitere Wörter.

Wortfeld „teilen": einteilen, Aufteilung, _____

_____

_____

5. Nenne aus dem Text Beispiele für eine umgangssprachliche Sprechweise.

_____

_____

_____

_____

6. Das Ausrufezeichen dient sowohl der Kennzeichnung von Aufforderungssätzen als auch der Kennzeichnung von nachdrücklich gesprochenen Aussagen. Nenne aus dem Text jeweils zwei Beispiele für die unterschiedlichen Funktionen.

Ausrufezeichen kennzeichnet Aufforderungssatz	Ausrufezeichen kennzeichnet nachdrücklich gesprochene Aussage
–	–
–	–

Die fünfte Jahreszeit

Kurt Tucholsky

KV 45a   TEXT   S.50

Kompetenztest

1. Benenne, wie lange die fünfte Jahreszeit dauert und zwischen welchen anderen Jahreszeiten sie liegt.

_____

_____

2.* Erschließe aus dem Textzusammenhang das Bild des Kubus.

_____

_____

_____

3. Gib jeweils den Grund an, weshalb die Kommas gesetzt werden müssen.

> *Wenn der Sommer vorbei ist und die Ernte in die Scheuern gebracht ist, (1) wenn sich die Natur niederlegt wie ein ganz altes Pferd, (2) das sich im Stall hinlegt, (3) so müde ist es – wenn der späte Nachsommer im Verklingen ist und der frühe Herbst noch nicht angefangen hat –: Dann ist die fünfte Jahreszeit.*

(1) _____ (2) _____

(3) _____

4. Schreibe aus dem Satzgefüge aus Aufgabe 3 den übergeordneten Hauptsatz heraus.

_____

5. Schreibe aus dem zweiten Textabsatz alle Partizipien (Mittelwörter) in die richtige Spalte der Tabelle. Bilde jeweils die anderen Verbformen.

Infinitiv	Partizip I	Partizip II

6. Nenne aus dem Text jeweils ein Beispiel für die Aufzählung von

a) ganzen Hauptsätzen: _____

_____

b) Satzgliedern: _____

c) einzelnen Wörtern: _____

Wenn Berge Feuer speien

Kai Hirschmann / Anna Schäfer

 KV 46a    TEXT S. 51

Kompetenztest

1. Kreuze an, welche Aussagen über den Inhalt des Textes „Wenn Berge Feuer speien" zutreffen und welche nicht.

Aussagen über den Inhalt des Textes „Wenn Berge Feuer speien		richtig	falsch
a)	Der Ausbruch eines Vulkans war dem Glauben der alten Griechen und Römer nach die Strafe des Feuergottes für die Menschen.	☐	☐
b)	Während der Vesuv auch heute noch zu den aktivsten Vulkanen der Welt gehört, hat sich der einstmals gefürchtete Ätna beruhigt.	☐	☐
c)	Der letzte große Vulkanausbruch liegt fast 2 000 Jahre zurück.	☐	☐
d)	Der Boden, auf dem wir laufen, wird von den Geowissenschaftlern Erdkruste genannt und ist bis zu 40 Kilometer dick.		
e)	Ein Vulkanausbruch entsteht, wenn Magma-Masse aus dem Erdkern durch die Erdkruste bricht.	☐	☐
f)	Die Erdkruste ist keine feste, durchgehende Haut um den heißen Erdmantel, sondern besteht aus vielen „tektonischen Kontinentalplatten", die auf dem Magma schwimmen.	☐	☐

2. Erkläre mithilfe der Angaben im Text, was man unter den folgenden Fachwörtern versteht:

a) Magma: _____

b) Lava: _____

c) Hot Spots: _____

_____

3. Notiere stichwortartig, welche Informationen du im Text zu den folgenden Kilometerangaben bezüglich des Erdinneren erhältst.

– bis zu 40 Kilometer: _____

– 100 Kilometer unter der Erdoberfläche: _____

– bis 2 900 Kilometer unter der Erdoberfläche: _____

_____

– bis 5 100 Kilometer: _____

– über 5 100 Kilometer: _____

_____

4. Bestimme die in den folgenden Sätzen markierten Satzglieder so genau wie möglich (d. h., gib bei adverbialen Bestimmungen an, ob es sich um Orts-, Zeit- usw. Bestimmungen handelt).

a) Wenn Berge Feuer spucken und sich glühend heiße Lava <u>ins Tal</u> wälzt, zeigt die Natur ihre Urgewalt. _____

b) Sie alle kennen <u>die beeindruckenden Bilder aus Naturfilmen und Nachrichtensendungen</u>.

_____

c) Beide haben erlebt, <u>wie sich heiße Gase aus dem Inneren der Erde ihren Weg an die Erdoberfläche suchen</u>. _____

d) Heute leben wieder <u>sehr viele Menschen</u> am Vesuv und hoffen darauf, dass der Berg ruhig bleibt. _____

e) Doch wenn man die Erde <u>mit einem Apfel</u> vergleicht, dann ist die Kruste gerade einmal so dick wie die Schale. _____

5.*Erkläre, warum zwischen den beiden Adjektiven einmal kein Komma steht und einmal eines gesetzt werden muss.

a) glühend heiße Lava   b) keine feste, durchgehende Haut

_____

_____

_____

Die Römer – Großmacht der Antike
Silvia Hähnel

KV 47a ▶   TEXT ▶

S. 52

Kompetenztest

1. Formuliere für die folgenden Absätze Überschriften, die die wichtigsten Inhalte knapp zusammenfassen.

Absatz 1 bis 3: _____

Absatz 4 und 5: _____

Absatz 6: _____

Absatz 7: _____

Absatz 8 und 9: _____

2. Kreuze an, welche Aussagen über den Inhalt des Textes „Die Römer – Großmacht der Antike" zutreffen und welche nicht.

Aussagen über den Inhalt des Textes „Die Römer – Großmacht der Antike	richtig	falsch
a)	Aquädukte nennt man Wasserleitungen, welche die Städte des Römischen Reiches verbanden.	☐	☐
b)	Die römische Architektur hat den Städtebau bis in unsere Zeit hinein stark beeinflusst.	☐	☐
c)	Im heutigen Rom sind außer dem Forum Romanum keine weiteren Spuren der alten Römer mehr zu finden.	☐	☐
d)	Um Legionär werden zu können, musste man Römer, über 1,75 Meter groß, schlank und kräftig sein sowie sehr gut sehen und hören können.		
e)	Die Grundausbildung zum Legionär dauerte vier Monate und war so hart, dass sie jeder zehnte Mann nicht überlebte.	☐	☐
f)	Die Römer bezeichneten das Mittelmeer als „mare nostrum", was so viel heißt wie „unser Meer".	☐	☐

3. Notiere stichwortartig, welche Informationen du im Text zu den folgenden Zeitangaben erhältst.

– 509 vor Christus: _____

– 31 vor Christus: _____

– 9 nach Christus: _____

– 117 nach Christus: _____

– 5. Jahrhundert nach Christus: _____

4. Formuliere wie im Beispiel jeweils das markierte Attribut in einen Attributsatz um.
Beispiel: *welche die Städte <u>des Römischen Reiches</u> verbanden → welche die Städte, die dem Römischen Reich angehörten, verbanden*

a) Einige <u>wohlhabende</u> Bürger legten sich große Landgüter zu. _____

_____

b) Die Unzufriedenheit <u>innerhalb der Bevölkerung</u> wurde größer. _____

_____

c) Die Macht <u>Roms</u> schwand langsam. _____

_____

d) Das Heer bestand aus immer weniger <u>römischen</u> Bürgern. _____

_____

5. Erkläre, weshalb in den folgenden Fügungen das Adjektiv einmal klein- und einmal großgeschrieben wird.

Kleinschreibung des Adjektivs	Großschreibung des Adjektivs
– Die römische Architektur – aus immer weniger römischen Bürgern – zwischen den römischen Provinzen	– des riesigen Römischen Reiches – Innerhalb der Römischen Republik – Im Weströmischen Reich

Bionik: Die Natur als Lehrmeisterin

KV 48a   TEXT   S. 53

Kathrin Dorscheid

Nach einer kurzen Zusammenfassung der wesentlichen Textaussagen (Was ist Bionik?) könnte der Text Impuls für eine Internetrecherche sein: Mittlerweile gibt es zahlreiche übersichtlich und qualitativ hochwertige Sites (u. a. von den öffentlich-rechtlichen Rundfunkanstalten) zur Bionik mit den verschiedensten Beispielen. Recherchiert werden könnte so in Gruppen zu verschiedenen Beispielen, wobei die Gruppen ihre Recherche-Ergebnisse anschließend auf Info-Plakaten präsentieren könnten.

Traum vom Ruhm

KV 49a   TEXT   S. 54

Nadia Pantel

Der Text kann in mehrfacher Weise zum Anlass genommen werden, mit den Schülern über ihr Lese- und Medienverhalten zu sprechen. Zunächst kann der Inhalt der Reportage als Gesprächsanlass dienen: Was gefällt euch an solchen Castingshows (nicht)? Was seht ihr am liebsten im Fernsehen und warum? Könnt ihr euch vorstellen, selbst an einer Castingshow teilzunehmen? Dann kann über das Leseverhalten gesprochen werden (der Text ist auch in der Süddeutschen Zeitung für Kinder, Ausgabe Nr. 17 vom März 2014, erschienen): Was hat euch an dem Text gefallen, was nicht? Welche Arten von Texten lest ihr (in Zeitungen und Zeitschriften) gerne und warum?
Thematisiert werden könnten schließlich außerdem die Textsorte Reportage und die Unterschiede zum Bericht: Auch wenn die Schüler die Merkmale noch nicht im Einzelnen kennen müssen, so lassen sich gleichwohl auffällige Unterschiede benennen.

Grundmodell Papierflieger

KV 50a   TEXT   S. 56

Die nicht ganz perfekte Anleitung zum Falten eines Papierfliegers sollte zunächst dazu genutzt werden, den Papierflieger auch zu basteln (am besten in kleinen Gruppen). Nach einer kurzen Phase des Ausprobierens (die den Schülern selbstverständlich gewährt werden muss) sollte dann die Faltanleitung kritisch bewertet werden. Von hier aus kann man zur Besprechung der Merkmale von Vorgangsbeschreibungen übergehen.

Alle Erarbeitungshinweise zu den Bildern sind in einem Dokument zusammengefasst auf der CD verfügbar.

Feste und Bräuche

BILDER S. 57

Das zweite Bild zeigt ein sogenanntes Fastnachtsfeuer, das meist am Samstag oder Sonntag nach Aschermittwoch entzündet wird.
Mögliche Aufgaben zu den Bildern:
- Nennt Feste und Bräuche, die ihr kennt, und ordnet sie zeitlich entsprechend ihrer Abfolge im Jahresverlauf.

- Beschreibt schriftlich, wie ein Brauch bzw. ein Fest bei euch (in eurer Familie) gefeiert bzw. begangen wird.
- Recherchiert den Hintergrund bzw. die Geschichte eines Brauches aus eurer Region. Gestaltet ein Informationsplakat zu diesem Brauch.

Haustiere

BILDER S. 58

Die Bilder können zum Anlass genommen werden, die Schüler über Haustiere, die sie selbst haben oder gern hätten, sprechen zu lassen. Das Ziel eines solchen Gesprächs kann zunächst im bloßen Austausch bestehen (etwa um die Einhaltung von Gesprächsregeln zu üben); von einem solchen Gespräch kann aber auch zur Beschreibung oder zum Bericht über die Haltung und Pflege der Tiere übergeleitet werden.

Hobbys

BILDER S. 59

Die Bilder können zum Anlass genommen werden, mit den Schülern über ihre Hobbys bzw. allgemein über ihre Freizeitgestaltung zu sprechen. Haben einzelne Schüler interessante bzw. weniger häufige Hobbys, könnten sie genauer darüber berichten (z. B. Was machen Pfadfinder eigentlich genau? Wie sind sie organisiert?).

Literarische Figuren

BILDER S. 60

Das „Winnetou"-Bild ergänzt den Auszug aus dem Text von Karl May (vgl. S. 26 sowie die Erarbeitungshinweise zu diesem Text): Die Schüler könnten zunächst eine Personenbeschreibung von Winnetou anfertigen und sie dann mit der Beschreibung Karl Mays vergleichen.
Das „Winnetou"-Bild könnte dann zum Anlass genommen werden, mit den Schülern darüber zu sprechen, wie visuelle Medien unser – literarisch vermitteltes – Figurenbild prägen (der Indianer auf dem Bild ähnelt ja viel mehr dem Schauspieler als der von Karl May beschriebenen Figur).
Zusammen mit dem Bild von Pippi Langstrumpf kann die Seite auch als Gesprächsimpuls dienen:
- Was wisst ihr über die beiden Figuren? Habt ihr schon einmal die Bücher gelesen oder Verfilmungen gesehen? Berichtet davon.
- Welche anderen berühmten (bekannten) Figuren aus Büchern kennt ihr? Erzählt bzw. berichtet über sie.

Personenbeschreibung

Alle Bilder können für eine Übung zur Beschreibung von Personen genutzt werden, wobei sich die Schüler ein Bild aussuchen können sollten (ggf. mit Begründung).

Gegenstandsbeschreibung

Die Bilder können für eine Übung zur (vergleichenden) Beschreibung von Gegenständen genutzt werden. Dabei wird ein genauer Blick für Details geschult und eine Benennung von Gemeinsamkeiten und Unterschieden gefordert.

Vorgangsbeschreibung

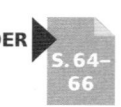

Die Bilder können als Anlass zum Verfassen von Vorgangsbeschreibungen genutzt werden. Die Schüler können den genauen Ablauf der einzelnen Tätigkeiten ggf. noch zusätzlich im Internet recherchieren.

Körpersprache

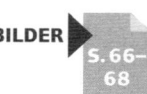

Mögliche Aufgaben zu den Bildern:
- Beschreibt die Bilder mit den auf ihnen abgebildeten Personen genau.
- Stelle ein Bild in Körperhaltung, Mimik und Gestik nach und benenne die auf dem Bild zum Ausdruck gebrachte Emotion.
- Stellt Vermutungen darüber an, was die jeweilige Person gerade erlebt hat und/oder denkt.

Tiergeschichten

Zu den Bildern können die Schüler Geschichten erfinden und erzählen; die Bilder können aber auch Anlass sein, über lustige, spannende, traurige usw. Erlebnisse von und mit Tieren zu erzählen bzw. zu berichten.

Abenteuergeschichten

Die Bilder können als Impulse zum Verfassen von Abenteuer- bzw. Fantasiegeschichten dienen (Was könntet ihr oder andere Personen in dieser Umgebung erleben? Schreibt eine Geschichte.). Vorausgehen könnte jeweils eine genaue Beschreibung der Bilder sowie – etwa in Form eines Clusters – das Sammeln spontaner Ideen, Eindrücke oder Gefühle zum Bild bzw. der dargestellten Umgebung.